KB096840

청소년
고민 상담소

청소년 고민 상담소

초판 1쇄 2023년 7월 24일
지은이 권승호 | **편집기획** 북지육림 | **디자인** 이선영
제작 재영P&B | **펴낸곳** 지노 | **펴낸이** 도진호, 조소진
출판신고 2018년 4월 4일 | **주소** 경기도 고양시 일산서구 강선로 49, 911호
전화 070-4156-7770 | **팩스** 031-629-6577 | **이메일** jinopress@gmail.com

공부, 꿈, 관계, 인생에 대해 학생들이 묻고 교사가 답하다

권승호 지음

청소년 고민 상담소

늘 웃고 떠드는 모습, 그래서 철없는 줄 알았다. 걱정 없을 것 같은 얼굴, 그래서 고민 없는 줄 알았다. 그런데 아니었다. 고민이 많단다. 공부 때문에, 학원 열심히 다니는데 성적은 제자리걸음이어서 괴롭단다. 학원을 계속 다닐까 말까로 고민하고 이성 친구를 사귈까 말까로 고민한단다. 꿈을 정하지 못해서 고민이고 어떻게 살아야 할지 몰라서 고민이란다.

이 책은 아이들의 고민과 그 고민에 대한 해결 방법을 정리한 결과물이다. 아이들의 아픔을 줄여줄 방법을 찾다가, 자신의 고민을 적어보라 했더니 아이들은 조심스럽게 고민을 적었고 나는 답을 해주었다. 엉터리 답일 수 있다는 생각에 두려웠고, 그래서 땅속에 묻어버릴 생각까지 했지만, 누군가에게는 고민 해결의 실마리가 되고 누군가에게는 두려움에서 벗어날 수 있는 등불이 될 수 있다는 생각으로 용기를 냈다.

아이들의 가장 큰 고민은 공부였고 사교육이었다. 정신력 부족과 진로에 대한 고민이 뒤를 이었고 친구 관계, 이성 교제에 대한 고민도 있었다. 아이들의 고민은 고만고만하였다. 특별히 누구에게

만 해당하는 고민이 아니라 거의 모든 아이에게 해당하는 고민이었다. 이런 책이 한 권쯤은 있어야 한다는 생각이 오랜 시간 내 곁을 떠나지 않았다.

이 책이 청소년 고민 해결의 디딤돌이 되면 좋겠다. 자기만 고민하는 게 아니라 다른 친구들도 고민하고 있다는 사실을 통해 위로받으면 좋겠다. 이 책에서 제시한 해결책을 실마리 삼아 스스로 문제를 해결해갈 수 있는 능력을 키워가면 좋겠다. 어떻게 공부해야 하는지, 왜 사교육을 해서는 안 되는지, 자기주도학습이 왜 중요한지, 집중하는 방법에 무엇이 있는지, 왜 지금 진로를 정하지 않아도 괜찮은지, 왜 어른들은 이성 교제를 늦추라 하는지, 우정 쌓기가 왜 중요한지, 부모님께 어떻게 해야 하는지, 과목별 공부 방법은 무엇인지에 대해 알게 되는 출발점이 되면 좋겠다.

이 책은 학생들의 질문에 대한 답이다. 중복되는 질문이 있었기에 겹치는 답도 있다. 중요한 내용이니까 반복하라는 의미로 거듭 이야기했다고 이해해주면 고맙겠다. 나의 대답이 정답이 아님도 밝힌다. 비판적 시각으로 읽어주면 좋겠고 무시할 것은 무시해주면 고맙겠다. 진솔하게 고민을 말해주고 선생님의 답을 경청해주면서 고개 끄덕여준 우리 전주영생고 학생들에게 감사의 마음을 전하고 싶다.

2023년 7월

전주영생고등학교 교무실에서

권승호

차
례

저자 서문 • **4**

공부가 뭐예요?
어떻게 해야 해요?

001

공부해야 하는
정확한 이유를 알려주세요.

공부를 왜 해야 하냐고? 하고 싶은 일을 하기 위해서야. 사람이 행복할 때는 언제일까? 하고 싶은 일을 할 때지. 그런데 누구나 하고 싶은 일을 할 수 없어. 실력이 있어야 할 수 있고 시켜주어야만 할 수 있지. 병에 걸린 환자를 치료하고 싶은 마음만으로 남의 병을 치료해줄 수는 없잖아. 실력이 있어야 하고 면허가 있어야 하지. 의사 면허증을 받기 위해서 의과대학에 입학해야 하고 의과대학에 입학하기 위해서는 열심히 공부해야 하겠지.

사람이 불행을 느낄 때는 언제일까? 하기 싫은 일을 해야 할 때야. 하기 싫은 일은 하지 않으면 되지 않냐고? 세상은 그렇게 자기 마음대로 살 수 있는 게 아니야. 의식주를 해결하려면 돈이 있어야 하기에 하기 싫은 일도 해야 하는 경우가 많아. 하고 싶은 일을 하지 못하는 슬픔도 크지만 하기 싫은 일을 해야만 하는 슬픔도 적지 않단다.

할머니 할아버지는 왜 게임을 하지 않을까? 재미가 없기 때문이지. 왜 재미없을까? 모르기 때문이야. 모르면 재미없는 법이거든. 알아야 재미를 느낄 수 있어. 어느 모임에서 사람들이 어떤 소설을 주제로 열심히 토론하고 있는데 자기는 그 소설을 읽지 못해 그 대화에 끼지 못한다면 얼마나 슬플까? 수학 못하는 아이들에게 수학 시간이 고통인 것과 마찬가지지. 아는 즐거움을 맛보기 위해서, 모르는 고통을 느끼지 않기 위해서도 공부해야 하는 거란다. 내일 행복하기 위해서도 공부해야 하지만 오늘 교실에서 행복하기 위해서도 공부해야 한다는 이야기야.

공부해야 하는 또 하나의 이유는 부모님께 효도하기 위해서야. 부모님들 대부분은 자녀가 공부 잘하기를 바라시잖아. 자녀가 공부 열심히 할 때 가장 행복해하시잖아. 공부는 나를 위해서 하는 것이 맞지만 부모님을 기쁘게 해드리기 위해서도 해야 하는 거야. 네가 열심히 공부하면 엄마 아빠가 행복할 수 있다는 사실을 알면 좋겠어.

너, 이거 아니? 공부는 가진 사람들만의 특권이었다는 사실. 옛날에는 공부하고 싶어도 공부할 수 없던 사람들이 엄청 많았어. 학교 가는 사람을 부러워하는 사람이 많았었지. 지금도 후진국에는 공부하고 싶어도 공부할 기회를 얻지 못하는 아이들이 많아. 자기에게 주어진 공부할 수 있는 특권을 가볍게 여기지 않으면 좋겠어.

공부할 수 있는 지금을 축복의 시간으로 생각하면 참 좋겠어.

공부하면 삶이 달라지는 것도 공부해야 하는 또 하나의 이유 란다. 공부하게 되면 볼 수 있는 게 많아지고 들을 수 있는 게 많 아지며 말할 수 있는 게 많아지지. 생각할 수 있는 게 많아지고 할 수 있는 것도 많아지며 행복을 느낄 수 있는 것도 많아진단다. 삶 이 풍요로워진다고 이야기할 수 있지.

002

요즘 고민은 성적입니다. 학업성적 향상을 위해 노력하고 있지만, 결과가 좋지 않아서 대학, 진로에 관한 걱정과 고민이 더 커지고 있습니다. 혹시 저의 공부 방법이 잘못된 걸까요? 성적 향상을 위한 공부 방법 좀 알려주세요.

학업성적은 모든 학생과 학부모님의 고민이지. 학업성적에서 자유로운 학생이나 학부모님은 없는 게 현실이니까. 대부분 학생은 자신이 성적 향상을 위해 노력하고 있다고 이야기하지만, 선생님 생각으로는 최선을 다하는 학생은 100명 중 서너 명 정도에 불과해. 책상 앞에 앉아 있지만 공부다운 공부는 하지 않는 경우가 대부분이지. 인간은 착각을 많이 하는데 열심히 하지 않으면서도 열심히 하고 있다고 착각하는 것도 그중 하나란다. 선생님 역시 학창 시절에 열심히 한다고 생각했는데 지금 생각하니 열심히 하지 않았더구나. 부끄러울 정도로.

혼자 하는 공부 시간이 많아야 해. 배우는 시간의 많고 적음은 성적에 크게 영향을 미치지 않아. 익히는 시간, 스스로 생각하고 고민하고 암기하는 시간이 많아야 실력 향상이 가능해. 많이 배우면 공부 못한다는 사실도 알아야 해. 무슨 이야기냐고? 이해되지 않는다고? 많이 배우게 되면 스스로 익힐 시간, 자기 공부할 시간을 가지지 못하기 때문이야. 자기 공부할 시간, 익히는 시간, 생각하는 시간, 고민하는 시간, 암기하는 시간을 많이 가져야 실력 향상이 가능한데 이런 시간을 가지지 못하는데 어떻게 좋은 결과를 만들 수 있겠니?

잠을 충분히 자야 해. 수면이 부족한 상태로는 절대 공부를 잘할 수 없어. 뇌가 활동할 준비가 되어 있지 않은 상태에서는 책을 읽어도, 강의를 들어도 그 내용을 머리에 저장할 수 없기 때문이야. 졸리면 비몽사몽 상태이고 그런 상태에서 10시간 공부는 맑은 정신 상태에서의 1시간 공부만 못해. 술 취한 상태에서 흐느적거리며 10시간 걸은 거리가 맑은 정신, 건강한 몸 상태로 1시간 달린 거리만 못한 것과 같지. 비몽사몽의 정신으로는 아무리 많은 시간 공부해도 효율이 떨어진다는 사실을 명심하면 좋겠어.

'4당 5락'을 이야기하는 사람이 있어. 4시간 자면 합격하고 5시간 자면 떨어진다는 이야기인데, 요즘도 이 말 믿는 사람이 있는 것 같아서 선생님은 매우 안타깝단다. 공부하는 시간이 많아야 공부 잘하는 것은 맞지만 잠자는 시간을 줄여가면서까지 공부해야 하는 것은 절대 아니거든. 운동선수에게만 몸 상태가 중요한 게 아니라 공부하는 학생에게도 몸 상태가 중요하단다. 공부 효율을 높이고 싶다면 7시간 정도의 충분한 수면은 기본임을 알아야 해.

나폴레옹은 4시간 자고도 생활에 지장이 없었고 전쟁을 승리로 이끌지 않았느냐고 반문하는 사람이 있어. 4시간 자고도 정신이 맑고 정상적으로 생활하는 사람이 있는 건 맞아. 나폴레옹도 그중 한 사람이라 할 수 있지. 하지만 모든 사람이 그렇지는 않고 그런 사람은 100명 중 2명 정도란다. 키 190센티미터가 넘는 사람이 100명 중 한두 사람인 것처럼 4시간 자고도 정상적인 생활을 할 수 있는 사람도 100명 중 한두 사람뿐이야. 노력한다고 키를 190센티미터로 키울 수 없는 것처럼 잠 적게 잔다고 성적이 향상되는 것은 아니야. 오히려 수면 부족은 공부를 방해할 뿐 아니라 기력도 약하게 만들고 면역력도 떨어지게 해서 질병에 걸릴 확률을 높인단다. 7시간 정도의 충분한 수면은 100명 중 98명에게는 공부 잘하기 위한 필수조건인 거야.

의문을 품어야 해. 당연하다고 여기는 것들에도 의문을 품어야 하지. 공부는 의문을 품는 일에서 시작되고 의문을 풀어가는 과정이 공부야. 배고프지 않은 상태에서의 식사는 에너지원이 되지 못하지만 배고픈 상태에서의 식사는 에너지원이 되는 것처럼, 의문을 품는 일은 지식을 키우는 바탕이 되는 거란다.

휴식도 필요해. 4시간 뛰고 온 선수에게 또 뛰라고 한들 제대로 뛸 수 있겠니? 휴식은 시간 낭비가 아닌 5보 전진을 위한 1보 후

퇴야. 휴식을 통해 맑은 정신을 만들어놓아야 한다는 사실, 잊지 않으면 좋겠어. 여기서 잠깐. 게임은 휴식이 아니란다. 뇌도 눈도 피곤하게 만들기 때문이지. 스트레칭을 하고 음악을 듣고 물을 마시고 가볍게 산책하고 노래 부르는 일이 5보 전진을 위한 1보 후퇴인 거란다.

003

원하는 성적이
나오지 않아서 걱정입니다.

원하는 성적이 나오지 않는 이유에 대해 생각해본 적 있니? 공부 시간이 부족했기 때문 아닐까? 아니면 졸음이 밀려와 집중이 어려웠을 수도 있어. 남보다 열심히 공부한 것 같다고? 글쎄. 그렇다면 좀 더 분석해봐야 할 것 같은데.

성적은 공부량에 정비례하는 게 아니란다. 1을 하면 1점 올라가고 2를 하면 2점 올라가는 것이 아니라는 이야기야. 1을 해도 1점, 2를 해도 1점, 3을 해도 1점, 4를 해도 1점이다가 5를 했을 때 갑자기 5점이 되는 거지. 6을 해도 5점, 7을 해도 5점, 8을 해도 5점, 9를 해도 5점이다가 10을 하니까 갑자기 10점이 되는 거란다. 실력은 노력에 비례하여 오를 수 있지만, 성적은 계단식으로 상승한다는 사실을 알아야 해. 끊임없이 노력하면서 기다려야 한다는 이야기지.

실망하지 말고 포기하지 않고 꾸준히 하면 점수 올릴 수 있다는 믿음 가져야 해. 열심히 땀 흘리면 반드시 좋은 결과가 있을 것을 믿으면 좋겠어. 다른 일도 그렇지만 공부도 포기하지 않으면 언젠가 반드시 좋은 결과를 얻게 되리라는 것을 믿어야 해. '去去去去中知 行行行行中覺'라는 말이 있어. '갈 거(去)' '알 지(知)', '행할 행(行)' '깨달을 각(覺)'이야. 가고 가고 가고 가다 보면 그 가운데에서 알게 되고, 행하고 행하고 행하고 행하다 보면 그 가운데에서 깨닫게 된다는 이야기란다.

예습이 중요한가요?
복습이 중요한가요?

'예습이 중요하냐, 복습이 중요하냐'라는 질문은 '엄마가 좋으냐, 아빠가 좋으냐'처럼 어이없는 질문이고 질문 같지 않은 질문이야. 둘 다 중요하다는 것은 상식 중의 상식이니까. 그런데 대다수 학생은 예습을 아예 하지 않아. 안타까운 일이지. 물론 예습하지 않고 복습만 열심히 해도 공부 잘할 수 있어. 하지만 예습이 공부의 효율을 높여준다는 사실을 알면 좋겠어. 수업시간에 집중하지 못하는 가장 큰 이유가 예습하지 않기 때문이거든.

예습이 왜 중요하냐고? 수업시간에 공부하기 위해서야. 무슨 말이냐고? 너희들 수업시간에 공부하지 않는 친구들 많다는 것 인정하지? 왜 수업시간에 공부하지 않을까? 재미없기 때문이지. 왜 재미없을까? 모르기 때문이야. 알면 재미있을 터인데 모르니까 재미가 없는 거야. 재미가 없으니까 집중을 못하고, 선생님의 강의 내용이 뇌에 전달되지 못하고 그래서 공부를 못하는 거란다.

예습하면 수업시간에 집중할 수 있고 수업시간이 즐거울 수 있어. 조금이라도 알기 때문이고 더 많이 알고 싶은 욕망이 생기기 때문이지. '아는 만큼 보인다'라는 말 들어보았지? 옳은 말이야. 알면 보이고 들리지만, 모르면 보이지 않고 들리지도 않지. 예습했을 때와 예습하지 않았을 때 들리는 정도가 다르고 이해되는 정도가 다르며 집중력에도 차이가 크다는 사실을 알아야 해.

예습은 짜증 나고 재미도 없으며 시간도 많이 필요하다고? 인정해. 하지만 완벽하게 알려고 욕심내지 않으면 짜증 나지도 않고 시간이 오래 걸리지도 않아. 예습은 수업시간에 무엇을 공부할지 알기 위해 하는 것이고 호기심을 갖기 위해 하는 것이야. 그러니까 예습할 때는 모른다는 사실만 알아도 괜찮은 거야. 모른다는 사실을 아는 것, 무엇을 공부해야 할 것인지를 아는 것, 그래서 수업시간에 선생님 설명을 들을 때 귀를 쫑긋할 상황을 만드는 것으로 예습은 충분해.

공부 시간 중 가장 많은 시간이 수업시간임에도 학생 중 상당수는 수업시간에 공부하지 않아. 생각 없이 앉아 있거나 졸거나 받아쓰기만 할 뿐이지. 모르기 때문이야. 모르니까 재미없고 재미없으니까 졸거나 딴생각하는 거야. 조금이라도 알아야 흥미 가질 수 있고 수업에 집중할 수 있어. 예습이 필요한 이유지. 질문하면 더 집중할 수 있는데 모르면 질문할 수 없어. 조금이라도 알아야 질문할 수 있고, 질문해야 집중하게 되며, 집중해야 공부 잘하게 되지.

복습의 중요성은 군이 이야기할 필요 없지. '공부하다'가 곧 '복습하다'이기 때문이야. 한 번 듣고 한 번 본 내용을 이해할 수는 있어도 암기할 수는 없어. 웃기는 이야기이거나 언젠가 들었던 이야기, 또는 어느 정도 알고 있던 이야기라면 한 번 듣거나 읽은 내용도 기억할 수 있겠지만 시험에 나올 만한 내용은 한 번 듣거나 본 것으로 절대 기억할 수 없어. 반복하고 또 반복하여 익혀야만 자신의 지식으로 만들 수 있지.

예습하고 복습하는 데 필요한 것은 무엇일까? 시간이야. 예습 복습할 시간이 필요하기에 사교육해서는 안 되는 거지. 사교육 자체가 나쁘다는 이야기가 아니야. 사교육 받느라 예습 복습할 시간을 갖지 못하는 것이 나쁘다는 이야기지. 예습 복습 없이 공부 잘하겠다는 것은 산에 가서 물고기를 잡겠다는 생각만큼 어리석은 생각이라는 사실, 반드시 알아야 해.

005

공부할 양은 많고 수행평가도 해야 하는데 어떻게 잠을 일찍 잘 수 있습니까?

바쁘면 밥 먹지 않니? 아무리 바빠도 화장실은 가잖아. 아무리 바빠도 밥은 먹어야 하고 화장실에 가야 하는 것처럼 아무리 공부할 양이 많고 수행평가를 해야 할지라도 잠은 자야 해. 공부 적게 해도 괜찮고 수행평가 늦게 제출해도 괜찮지만 잠을 충분하게 자지 않는 것은 절대 괜찮지 않아. 건강에 문제가 생기기 때문이고 공부를 제대로 할 수 없기 때문이지.

학원에 앉아 선생님의 강의 듣는 일, 인터넷 강의 듣는다면서 모니터 바라보는 일을 공부라고 생각하는 사람이 많은데 그것은 진짜 공부가 아니야. 공부하기 위한 준비 과정일 뿐이지. 생각 없이 강의만 듣는 일은 가장 나쁜 공부 방법이란다. 학교에서 선생님 강의 듣는 것도 마찬가지지. 그래서 몇몇 선생님들은 주입식 일방적 강의 대신에 아이들 스스로 탐구하는 시간을 주려 노력하잖아. 강의는 최소한의 시간만 듣는 게 좋아. 강의 듣는 일은 학교로 충분해. 그렇기에 학교 선생님의 강의를 들은 후에 또 다른 강의를 듣는 일은 공부 잘하기를 포기하는 행동일 뿐인 거야.

A라는 학생은 노래를 100번 듣고 5번 불러본 후 무대에 올라갔고, B라는 학생은 노래를 5번 듣고 30번 불러본 후 무대에 올라갔어. 누가 더 노래를 잘 부르게 될까? B 학생이라고? 맞아. B 학생이야. A 학생보다 시간은 훨씬 적게 투자하였음에도 더 좋은 결과를 얻어낸 것이지. 공부도 마찬가지야. 듣기만 하면, 스스로 알아내려는 노력이 없으면, 익히는 시간을 갖지 않으면 실력 향상은 절대 불가능해. 악기 연주를 잘하는 사람들의 공통점은 연습 시간이 많았다는 점이야. 실력자 대부분은 혼자서 연구하고 시간을 들여 익힌 사람들이지. 작곡가도 그렇고 화가도 그러하며 기술자도 마찬가지야. 공부라고 예외이겠니? 공부 잘하는 사람 대부분은 혼자서 책 가지고 머리 쥐어뜯으면서 공부한 사람들이라는 사실을 명심하면 좋겠어.

오랜 시간 달린다고 많은 거리를 갈 수 있는 게 아닌 것처럼 학습량이 많다고 해서 공부 잘할 수 있는 게 아니야. 익히는 시간이 많아야, 익히는 시간을 많이 확보하기 위해 사교육 하지 않아야 실력을 키울 수 있다는 진실, 이제 믿을 수 있겠니?

006

학교에서 다루지 않는 분야를 공부해도 괜찮을까요? 그쪽으로 진로를 정하지 않을 것인데 시간 낭비 아닐까요?

눈앞의 것만 보지 말고 멀리 보아야 한다고 했어. 지금의 시험 점수, 대학입시만 보지 말고 대학 졸업 이후의 삶까지 관심을 가지는 것이 좋아. 학교 공부가 중요하고 소홀히 해서는 안 되는 일인 건 분명하지만 학교 공부에만 매달리는 것도 바람직하지 않지. 대학이 인생의 전부 아니고 대학 입학이 공부의 궁극적 목표가 아니기 때문이야.

그쪽으로 진로를 정할 것도 아니라고? 그래, 괜찮아. 시간 낭비 아니야. 모든 지식과 지혜는 연결되어 있어. 지식도 유기체지. 유기체가 뭐냐고? 각 부분이 일정한 목적 아래에 하나로 통일되어 이루어져 있어서 부분과 전체가 긴밀한 관계를 맺는 조직체를 말해. 국어 잘하면 영어 독일어도 잘하게 되고 수학 잘하면 물리학 전자학도 잘하게 되는 것을 일컫지. 국어와 수학은 긴밀한 관계가 없는 것 아니냐고? 그렇지 않아. 수학도 언어를 도구로 전개하고 풀어내는 것이기에 수학을 잘하기 위해서도 국어 실력은 필요해. 외국 유학을 하려면 어떤 전공을 공부하든 영어 실력이 필요한 것과 마찬가지지.

어떤 진로를 택하였는지 몰라도 현재 잘할 수 있는 것이나 좋아하는 것이라면 그것이 진로일 가능성이 있어. 잘할 수 있고 좋아하는 것이 장래 직업이 된다면 나쁘지 않거든. '도둑질 빼고 다 배워라'라는 말이 있어. 배워두고 알아두어서 나쁠 게 없다는 이야기지. 학교 공부 충실히 하면서 짬짬이 하고 싶은 공부 하는 것, 선생님은 응원해주고 싶구나.

007

핸드폰에 빼앗기는 시간이 너무 많습니다.
어떻게 해야 할까요?

잘 쓰면 약이 되지만 잘못 쓰면 독이 되는 게 많아. 핸드폰도 그 중 하나지. 핸드폰은 신속하게 연락을 주고받을 수 있고 필요한 정보를 쉽고 빠르게 얻을 수 있는 장점도 있지만, 시간을 빼앗고 생각할 기회를 빼앗는다는 단점도 있어. 장점이 클까? 단점이 클까? 사람마다 다르겠지만 학생에게는 이익보다 손해가 훨씬 큰 것이 분명해. 시간을 빼앗기고 생각할 기회를 잃어버리는 손해는 그 무엇과 바꿀 수 없는 손해지. 핸드폰은 지식을 키울 시간을 빼앗아 가는, 그래서 인간의 성장을 방해하는 훼방꾼이 될 수 있다는 사실을 알면 좋겠어.

비싸게 산 음식을 잘못 보관해서 상하게 되었다면 어떻게 해야 할까? 아까우니까 먹어야 한다고 생각하는 사람은 없겠지. 아까울 지라도 버려야 하는 거잖아. 핸드폰이 유익한 줄 알았는데 알고 보니 자신의 성장을 방해하는 역할을 더 많이 한다면 미련 없이 없애는 것이 현명함 아닐까? 도움이 되는 물건과 함께할 시간도 부족한데 손해를 끼치는 물건과 함께하는 행위는 못난 사람들의 어리석은 짓인 게 분명해.

물론 쉽지 않아. 엄청 어려운 일이지. 다른 친구들은 모두 핸드폰을 하면서 행복해하는데 나만 핸드폰이 없다면 얼마나 괴롭겠어. 엄마 아빠랑 연락도 해야 하고 친구들과 소통도 해야 하는데 핸드폰이 없다면 불편을 넘어 고통을 느낄 거야. 하지만 얻음만 보지 말고 잃음도 함께 보아야 한다고 했어.

아인슈타인이 이런 말을 했다더구나. "매번 똑같은 행동을 하면서 다른 결과를 기대하는 사람은 바보다"라고. 맞아. 변화 없이는 발전도 없는 거야. 그리고 하나를 얻고 싶다면 하나를 포기할 줄 알아야 해. 그래도 불편할 것 같다고? 지레 겁먹지 말고 일단 해보면 어떨까? 한 달만 핸드폰 없이 생활해본 다음에 그때 가서 다시 결정하면 어떨까? 생각만큼 불편하지 않을 것이고 오히려 또 다른 행복을 만날 수 있을 게 분명해. 즐거운 일을 뒤로 미루고 미래를 생각할 수 있는 사람이 현명한 사람이니까.

008

저는 야간자율학습 시간에 3시간씩 매일매일 수학 공부를 했습니다. 하지만 2차 고사 성적을 받아보니 원하는 만큼 성적이 나오지 않았습니다. 이렇게 계속 공부해도 될까요?

열심히 했음에도 성적이 나오지 않아서 자신에게 실망한 학생들이 있지. 그런데 매일 서너 시간씩 1년 동안 노력했음에도 성적이 나오지 않아서 실망하는 것은 이해할 수 있지만, 매일 한두 시간씩 한두 달 공부하고서 성적이 나오지 않는다고 실망하는 것은 이해하기 힘들어. 한두 달 공부해서 성적이 오를 것 같으면 누가 공부를 어렵다고 할 것이며 중학교 때부터 공부할 이유가 어디 있겠니? 고3 때 잠깐 공부해서 좋은 성적 얻고 그 성적으로 원하는 대학에 가면 되지.

'꾸준하게'가 중요해. 하루아침에 완성되는 것은 없어. 서두르면 절대 좋은 결과를 만들 수 없거든. 봄에 씨를 뿌린 후 여름에 거두려 해서는 안 돼. 가을까지 느긋한 마음으로 기다려야 해. 성적도 마찬가지야. 5개월 6개월 꿈쩍 않다가 어느 날 갑자기 수직으로 상승하는 것이 성적이니까.

공부 방법도 점검해볼 필요가 있어. 고민하는 시간, 생각하는 시간을 많이 가져야 해. 고민해보지 않고 생각해보지도 않고 해답지를 보면서 고개 끄덕이는 것만으로는 절대 실력을 쌓을 수 없거든. 문제 하나 가지고 한 시간 씨름하는 것을 즐길 수 있어야 해. 머리에 쥐 나는 경험을 피하려 해서는 안 되는 거야. 쉽게 얻으려 해서는 하나도 얻을 수 없다는 사실을 알고 머리를 쥐어뜯으며 스스로 고민하고 생각해서 스스로 답을 찾아내야 하는 거란다.

졸업생 중에 수학을 아주 완벽히 잘하는 친구가 있었는데 그 친구는 1등급이 아니라 거의 만점을 받곤 했어. 수학을 어떻게 공부하느냐는 질문에 문제를 풀다가 풀리지 않으면 낑낑대다가 그냥 넘어간대. 누군가에게 물어보지 않고. 해설지 보지도 않고. 그리고 다음 날에 다시 그 문제를 풀어본대. 안 풀리면 또 넘어가고. 대다수 문제는 2, 3일 만에 풀렸지만 일주일 내내 씨름한 후 풀렸던 문제도 있었대. 수학을 잘했던 비결이었던 거야.

2학년 2학기에 수학 5등급이었는데 수능에서 1등급을 받아 사관학교에 합격했던 너희들의 선배가 있었어. 그 선배는 수학 문제 하나를 가지고 7시간 씨름했다고 고백했어. 1등급을 받았던 다른 선배는 풀었던 문제를 일주일 후에 다시 풀고 일주일 후에 또다시 풀곤 했다고 이야기했어. 풀리지 않은 문제나 틀린 문제를 계속 분석하면서 자신이 왜 틀렸는지 본질적인 이유를 스스로 찾을 수 있었다고 했지. 포기하지 않고 계속 열심히 하면 성적은 올라갈 수 있단다. 한 술밥에 배부를 수 없는 게 세상의 이치이고 공부에서도 예외 아니라는 사실을 알면 좋겠어.

009

수학이나 영어 과학 등의 과목들이 이해가 안 되고
문제가 풀리지 않을 때는 어떤 식으로 공부해야 합니까?
공부를 잘하는 방법에 대해 고민이 많습니다.

수업시간에 공부하지 않는 학생이 너무 많은 것 인정하지? 조는 아이도 적지 않지만 넋 놓고 앉아 있는 아이들이 많아. 왜 넋 놓은 채 앉아 있을까? 재미없기 때문이지. 왜 재미없을까? 모르기 때문이야. 모르기 때문에 재미없고 재미없으니까 집중하지 못하는 거지. 수업시간에 공부하려면 예습해야 해. 예습하게 되면 어렴풋하게나마 알게 되고 어렴풋하게라도 알게 되면 호기심과 흥미가 생겨서 수업에 집중할 수 있게 되니까. 배울 내용을 완벽하게 알아내는 것이 예습 아니야. 무엇을 공부할 것인지를 아는 것이 예습이고, 모른다는 사실을 확인하는 것이 예습이지.

모든 과목을 잘하겠다는 욕심을 버리는 것도 방법이야. 모든 과목을 잘하면 좋지만, 현실적으로 어렵다고 판단되면 잘할 수 있는 과목에 더 많은 시간을 투자하는 것도 방법이야. 한 가지에만 시간을 투자하게 되면 잘하게 될 것이고, 잘하게 되면 자신감이 생기고 재미도 붙을 거야. 100점 맞겠다는 욕심을 버리는 것도 방법이 될 수 있어. 어려운 내용까지 알려다가 짜증 나서 전체를 포기하면 안 되기 때문이지.

　노력한다고 누구나 가수가 될 수 있는 것 아니고, 열심히 한다고 누구나 국가대표가 되는 것도 아니야. 공부도 마찬가지지. 노력한다 해서 누구나 1등급이 될 수는 없어. 하지만 시간을 투자하면 1등급은 어려워도 2등급은 가능해.

010

수업시간뿐 아니라 야간자율학습 시간에도
잠이 와서 공부하기 힘듭니다.
졸리지 않거나 잠이 오지 않는 방법이 있을까요?

잠이 오지 않는 방법은 아주 간단해. 밤에 잠을 많이 자면 돼. 많이 잤음에도 잠이 온다고? 6시간이나 잤다고? '6시간이나'가 아니야, '6시간밖에'지. 6시간 수면을 많이 잔 것으로 생각하는 학생학부모가 많은데 6시간은 적게 잔 거야. 최소 7시간은 자야 맑은 정신으로 공부할 수 있지.

7시간을 자면 공부는 언제 하느냐고? 졸지 않고 스마트폰 하지 않으면 7시간 자고도 14시간 공부할 수 있어. 그리고 14시간 공부하면 정말 많이 한 거야. 너, 하루 스마트폰 들여다보는 시간을 다 합하면 얼마쯤일까? 모르긴 해도 3시간은 넘을 것 같은데. 그리고 조는 시간도 3시간 넘지? 그러면 하루 헛되게 보낸 시간이 6시간이야. 6시간은 아깝지 않고 한두 시간 더 잠자는 시간은 아깝다고? 웃기는 일 아닌가?

하루 7시간 자고 스마트폰 하지 않고 졸지 않으면 지금보다 5시간 더 공부할 수 있잖아. 스마트폰 안 할 수 없다고? 스마트폰 안 하는 방법 알려줄까? 스마트폰 없애면 돼. 스마트폰 없이 어떻게 살 수 있냐고? 스마트폰 없어도 생활에 어떤 문제도 발생하지 않아. 특히 고등학생에게는. 일단 한 번 해보자. 해보지도 않고 판단해서는 안 되잖아. 스마트폰 없이 한 달 살아보고 판단하면 좋을 것 같은데. 하루 30분만 만지는 것으로 해도 좋을 것 같고.

잠자는 시간이 규칙적이어야 해. 하루라도 늦게 자면 안 돼. 하루 늦게 자면 다음 날만 잠이 오고 피곤한 게 아니라 2~3일간 피곤하여 제대로 공부할 수 없기 때문이야. 하늘이 무너진다고 할지라도, 해야 할 공부가 남아 있더라도 반드시 11시 30분 이전에 잠자리에 들어야 해. 방법치고는 너무 쉽고 간단하지.

1차 고사보다 성적이 너무 떨어져서 고민입니다. 수학은 학원에서 하는데 이번에 끊을 생각이고 국어도 끊을 생각인데 혼자 공부하는 게 너무 힘들어요. 집에서 하기에는 유혹들이 너무 많고 스터디 카페를 가자니 귀찮아서 못 가거나 늦게 가는 일이 많아요. 혼자 하려면 어떤 마음가짐이어야 하는지 너무 고민이 되고 내신과 모의고사 공부를 함께 할 수 있을까요?

학원을 열심히 다녔으니 성적이 떨어지는 것은 당연한 결과지. 학원 다니면 자기 공부할 시간이 없어지기 때문에 성적이 떨어진다고 선생님이 여러 번 강조했잖아. 혼자 공부하는 게 힘들다고? 힘들지. 공부는 쉬운 일이 절대 아냐. 학원 다니지 않고 혼자서 하는 공부가 힘들다는 것은 인정해. 학원에서는 입만 벌리고 있으면 누군가가 밥을 떠서 먹여주었는데 혼자서 숟가락으로 밥을 뜨고 젓가락으로 음식을 집어서 입으로 넣으려니 힘들고 짜증 나는 것은 당연하지. 하지만 이걸 알아야 해. 처음에만 어렵다는 사실. 처음에 어렵더라도 꾸준히 하면 쉬워진다는 사실. 포기하지 않으면 반드시 웃을 날 온다는 사실까지.

집에서의 공부는 어려워. 텔레비전, 냉장고, 컴퓨터, 엄마 아빠의 대화, 이런 것들이 집중을 방해하니까. 학교 자율학습실이나 도서관이 가장 좋아. 도서관은 집에서 가까운 도서관보다 조금 멀더라도 친구들이 없는 도서관이 더 좋을 수도 있어. 집에서는 공부하지 않겠다는 자세도 필요해. 학교나 도서관에서 공부하다가 조금 피곤하면 집에서 공부하겠다는 생각으로 가방을 싸게 되기 때문이야. 그런데 막상 집에 오면 책을 펼치지 않는 경험 많이 했잖아.

학교 시험과 수학능력시험을 별개로 생각하는 것 같은데 그렇게 생각하면 안 돼. 내신 성적과 모의고사 성적에 차이가 나는 학생이 있긴 하지만 열에 아홉은 내신 좋은 학생이 모의고사 성적도 좋으니까. 학교 공부에 충실하면 학교 시험은 물론 모의고사도 잘 치를 수 있단다. 테니스나 탁구 경기에서 단식 경기 잘하면 복식 경기 잘하는 것과 같다고 할 수 있지. 학교 공부에 충실하면 수능 시험도 잘 볼 수 있어. 대학수학능력시험은 고등학교 교육과정을 충실하게 공부한 사람이라면 어렵지 않게 풀 수 있는 시험이니까.

계획을 지키지 못해 걱정입니다. 매일 아침 공부할 분량을 정했는데 시간이 지날수록 놀기만 하고 이 핑계 저 핑계 대면서 계획을 미루게 돼요. 그러다 보니 시험공부도 항상 전날에 몰아서 하고 스스로 세운 계획을 지키지 못하여 자존감이나 성취도가 떨어지는 것 같아요. 계획을 잘 지키는 방법에 무엇이 있을까요?

선생님 아들이 초등학교 졸업 후 언제 편지를 썼는지 아니? 군대에서였어. 왜 편지를 썼을까? 다른 이유도 있었겠지만 가장 큰 이유는 할 일이 없었기 때문이었어. 스마트폰도 할 수 없고 텔레비전도 볼 수 없으니까 거의 날마다 편지를 쓰더라고. 시도 열 편인가 써서 보내주었어. 조금 다듬으면 신춘문예에 응모해 상을 받을 수 있을 정도였지.

공부를 잘하고 싶다면 유혹하는 것들과 방해하는 것들을 멀리해야 해. 스마트폰, 컴퓨터, 냉장고를 멀리해야 공부를 잘할 수 있어. 생각과 행동은 환경의 지배를 받기 때문에 환경을 잘 만들어야 하는 거야. 공부에 방해되는 것들을 과감히 없애야 해. 진짜 중요한 것 하나를 얻으려면 미련이 남을지라도 두 번째 세 번째 네 번째 중요한 것들은 포기할 수 있는 용기를 가져야 하지.

계획을 잘 지키는 방법 중 하나는 다른 사람과 약속하는 것이야. 친구에게 맛있는 빵을 사 주고 싶은 마음이 생겼다고 하자. 토요일에 사 주겠다고 생각을 했었는데 친구에게 말하지는 않았어. 그러면 친구에게 빵 사 줄 확률이 몇 퍼센트쯤 될까? 모르긴 해도 50퍼센트 정도일 거야. 잊어버릴 수 있고 귀찮아져서 나중으로 미루고 싶은 생각이 들 수 있으니까. 하지만 친구에게 말이나 글로 약속을 했다면 빵을 사 줄 확률은 90퍼센트 이상이야. 자기가 한 말에 대해 책임지려는 마음 때문이지. 혼자서 생각한 것을 실천으로 옮길 확률은 50퍼센트 미만이지만 누군가에게 말한 일을 실천할 확률은 90퍼센트 이상이란다. 책상 앞에 목표를 써 붙여놓는 방법, 누군가에게 자신의 목표를 구체적으로 밝히는 방법이 계획을 잘 지키는 방법이 되는 이유야.

013

시험 점수를 100점 받으려면 하루에 몇 시간 정도 공부해야 할까요? 어떻게 공부해야 할까요? 공부한 양에 비해 점수가 안 나온다면 어떻게 해야 할까요?

공부량이 중요한 건 분명해. 하지만 집중력을 발휘하였느냐가 더 중요하지. 흐리멍덩한 정신 상태에서, 잠이 오는 정신 상태에서, 잡념이 머리에 들어차 있는 상태에서 10시간 공부하는 것보다 맑은 정신, 집중력 있는 정신으로 하는 2시간의 공부가 더 좋은 결과를 가져오기 때문이야. 밤 11시 30분 이전에 잠을 자야 해. 우리나라 월드컵 축구 중계가 있더라도, 수행평가 과제를 못했을지라도, 시험 준비가 부족할지라도 11시 30분 이전에는 반드시 자야만 높은 점수 받는 일이 가능해. 맑은 정신이 아니면 공부 효과가 나타나지 않는다는 이야기야. 술에 취한 상태로 100분 걷는 거리보다 정상적인 몸과 정신으로 10분 걷는 거리가 많은 것과 같다고 할 수 있지.

공부는 마라톤이야. 페이스를 유지하는 것이 중요해. 처음에 지나치게 빨리 달리면 중간에 반드시 쓰러져. 단 1분이라도 빨리 달려서는 안 돼. 단 하루라도 무리하면 2~3일은 제대로 공부할 수 없다는 사실을 알아야 해. 지나치게 먹으면 배탈이 나는 것처럼 지나치게 공부하면 성적이 떨어진다는 사실을 알면 좋겠어.

공부한 양에 비해 점수가 안 나온다면 어떻게 해야 하느냐고? 계속하는 것 말고 다른 방법 없어. 그리고 알아야 해. 성적은 정비례가 아니라 계단식으로 오른다는 사실을. 한 달 공부하면 1점 오르고 두 달 공부하면 2점 오르고 석 달 공부하면 3점 오르는 게 아니야. 넉 달 공부해도 1점도 오르지 않다가 다섯 달 공부했을 때 10점이 오르는 것이야. 포기하지 말고, 실망하지 않고 꾸준히 하는 것이 중요해. 자신을 믿고 기다릴 수 있는 사람만이 꿈을 이룰 수 있단다.

공부가 제 뜻대로 되지 않습니다. 공부하려고 마음먹는데 자꾸만 시간을 늦추게 되고 시작을 못하게 됩니다. 저의 문제이지만 어떤 마음가짐을 가져야 할지 모르겠고 공부를 한다고 해서 실력이 느는 것도 아니라서 막막합니다.

시작이 반이라고 했어. 일단 시작하는 게 중요해. 시작하기가 힘들다고? 약속하면 돼. 자기 자신이 아닌 다른 사람에게. "엄마! 아빠! 나 오늘 10시까지 야간 자율학습하고 올게요." "오늘부터 하루라도 10시까지 야간자율학습을 하지 않으면 다음 달 용돈 주지 마세요." "친구야! 나 오늘 학교에서 스마트폰 한 번도 보지 않을 거야. 만일 보게 되면 네가 가져가서 일주일 후에 돌려줘." "동생아! 형은 오늘부터 주말에만 게임을 할 거야. 주중에 게임을 하면 너에게 5만 원 줄게."

맛을 모르기 때문이기도 해. 김치 맛을 모르다가 어느 순간 김치 맛을 알게 되면 김치 없는 밥을 먹지 못하는 것처럼 공부 맛을 알게 되면 공부가 하고 싶어질 것이고 잘하게 될 거야. 김치 맛을 알기 전까지 먹기 싫어도 먹어야 하는 것처럼 공부 맛을 알게

되기 전까지는 힘들지라도 공부에 시간과 정성을 쏟아야 하는 거
란다.

015

중간고사 때는 성적이 대부분 예상한 대로 나왔지만, 영어는 쉽게 나왔음에도 점수가 좋지 않게 나왔습니다. 그래서 기말고사 때는 영어공부에 시간을 많이 투자했습니다. 학원도 주 1회에서 2회로 늘렸고 시험 범위도 통째로 외웠습니다. 그래서 기말고사에는 문제가 어려웠음에도 중간고사 때보다 10점이 높게 나왔습니다. 그런데 다른 과목이 문제였습니다. 영어만 공부했기 때문에 다른 과목은 점수가 떨어졌습니다. 앞으로의 시험에서는 모든 과목에서 점수를 잘 받고 싶은데 어떻게 하면 되나요? 여러 과목을 동시에 잘할 수 있는지 고민입니다.

답은 네가 잘 알고 있잖아. 투자한 시간과 노력만큼 성적을 올릴 수 있다는 사실. 영어 점수가 좋은 것은 영어에 시간을 많이 투자했기 때문이고, 다른 과목 점수가 나오지 않은 것은 다른 과목에는 시간을 투자하지 않았기 때문이잖아. 모든 과목의 점수를 잘 받고 싶다면 모든 과목에 많은 시간을 투자하면 돼. 네가 헛되이 보내는 시간이 얼마인지 계산해봤니? 엄청 많을걸. 스마트폰만 해도 하루 3시간 이상, 조는 시간도 2시간 이상, 친구와 쓸데없는 감정싸움하는 시간도 적지 않잖아.

스마트폰은 해야만 한다고? 안 해도 괜찮아. 유혹을 이기기 힘들면 스마트폰을 망치로 깨부수는 방법도 있어. 망치로 깨부술 용기가 없으면 담임선생님께 한 달만 맡겨봐. 다른 친구들도 다 핸드폰 하는데 뭐가 문제냐고? 다른 친구랑 같은 생각을 하고 같은 행동을 하면 같은 점수 받는 게 당연하지. 생각과 행동은 다른 친구와 똑같이 하고 점수는 많이 받으려 하는 것은 도둑 심보 아닌가? 남과 똑같이 해서는 남 이상이 될 수 없다는 사실 명심하면 좋겠어.

졸지는 않는다고? 조는 시간 합해봐야 30분 넘지 않는다고? 그렇지 않아. 졸고도 졸지 않았다고 착각하는 게 인간이야. 2시간 졸고도 10분 졸았다고 착각하는 게 인간이지. 선생님도 학창 시절에 그런 착각 많이 했었어. 졸지 않는 유일한 방법은 충분히 자는 것이야. 누구도 잠을 이길 수 없거든. 잠 줄이고 공부해서 성공한 사람도 없고.

잠이 많아서 조는 것을 어쩔 수 없다고? 잠이 많아서가 아니라 늦게 자기 때문이야. 11시 30분 이전에 자고 6시 30분에 일어나는 습관을 들여야 해. 어떤 경우에도, 단 하루라도 11시 30분을 넘기면 안 돼. 30분 늦게 자면 다음 날 30분 졸음이 오는 게 아니라 3시간 잠이 오게 되고 그다음 날에도 잠이 오기 때문이야. 그리고 낮에 졸게 되면 밤에 잠이 오지 않거나 깊이 잘 수 없어. 숙면을 취하지 못하면 다음 날에 또 졸게 되고. 이 악순환의 고리, 이제 부터라도 끊어주어야 하지 않겠니?

016

성적이 생각한 것보다 나오지 않아서 고민이에요.
어떻게 생활하고 공부해야 좋은 점수를 받을 수 있나요?

지난 카타르 월드컵 16강전에서 우리 팀이 만난 팀은 세계 1위 브라질이었어. 객관적 전력에서 뒤지는 걸 알면서도 경기 시작 전에 우리가 이길 수도 있다고 생각하는 사람이 있었어. 물론 바람과는 다르게 1대 4로 완패했지. 축구가 욕심대로 되지 않은 것과 마찬가지로 성적 역시 욕심만큼 나오지 않은 게 일반적이야.

축구 경기에 졌다고 축구를 그만두어선 안 되는 것처럼 성적이 나오지 않는다고 공부를 그만두면 안 돼. 아니 그만둘 수 없지. 학생이기 때문이야. 학교에 다니는 한, 교실에 있는 한, 다른 특별히 할 일이 있지 않은 한 공부와 인연을 끊을 수 없기 때문이야. 마음을 다잡고 다시 시작하는 방법 외에 다른 방법은 없어.

그런데 지금까지 했던 방법 그대로는 아니야. 변화 없이는 발전도 없기 때문이지. 방법을 바꿔보면 어떨까? 잘못 판단하고 선택하는 경우가 많은데 공부 방법을 잘못 판단하고 잘못 선택하는 학생들이 너무 많아. 그런데도 자신이 잘못 선택하였다는 사실을 인정하지 못하지. 영원히 깨닫지 못하는 사람도 있고 시간이 흐른 뒤에 깨닫는 사람도 있어.

공부는 누군가가 시켜줄 수 없어. 근력을 키워줄 수 있는 감독이 없는 것처럼, 지구력을 길러줄 수 있는 코치가 없는 것처럼 학생의 성적을 올려줄 수 있는 선생도 이 지구상에는 없어. 오직 자기 자신만이 자신의 성적을 올릴 수 있을 뿐이야. 근력이나 지구력 키우기를 감독, 코치에게 의지해서는 안 되는 것처럼 실력 향상을 선생님에게 의지해선 안 되는 거야. 누군가의 힘을 빌려서 할 수 있다면 부잣집 아이들이나 권력자들의 자녀들은 모두 공부 잘해야 옳잖아.

사교육과 성적은 반비례 관계야. 무슨 뚱딴지같은 소리냐고? 사실이야. 선생님이 34년 넘게 학생들을 가르쳐오면서 얻은 결론이지. 너희들의 선배들이 만든 결론이라고 해야 옳겠구나. 사교육을 한 선배들은 몽땅 망했냐고? 그것은 아니야. 원래 공부를 잘했던 아이, 사교육을 하긴 했지만 자기주도학습도 열심히 했던 아이들은 성공하기도 했지. 그럼 선생님의 이야기가 틀린 것 아니냐고? 틀리지 않았어. A라는 학생이 있었는데 공부 머리도 있었고 사교육도 받았으며 자기주도학습도 열심히 하여 좋은 성적을 거두었어. 그러면 좋은 성적을 얻은 요인이 뭘까? 사교육이라고 이야기하면 안 되지. 자기주도학습 때문이라고 이야기해야 옳아. 왜냐하면 공부 머리도 있고 사교육도 많이 받았지만 자기주도학습은 거의 하지 못하였던 아이들은 모두 좋은 성적을 거두지 못하였기 때문이야. 사교육 한 시간 받지 않고 자기주도학습만 열심히 하였던 아이 중에 실패한 아이는 거의 없었기 때문이기도 해.

그래도 사교육이 성적과 반비례라는 게 이해되지 않는다고? 공부를 잘하기 위해서는 익힘의 시간, 자기주도학습을 할 시간이 필요한데 사교육을 받게 되면 익힘의 시간, 자기주도학습을 할 시간이 없어지잖아. 아무리 머리 좋은 학생일지라도 수업 내용을 소화하기 위해서는 충분한 자기 공부 시간이 필요하다는 사실, 명심하면 좋겠구나.

017

밤 11시에 자는데도 늦게 일어나서 아침밥을 못 먹고 등교합니다. 오전 내내 배가 고파 공부가 제대로 안 돼요. 어쩌다 일찍 일어나도 다시 자서 늦게 일어나요. 부지런히 일찍 일어나고 싶습니다.

선생님이 학부모님들께 가장 많이 부탁하는 것은 아침밥 먹이기와 잠 일찍 재우기야. 밥은 힘의 원천이면서 동시에 공부의 원천이기 때문이지. 자동차가 달리기 위해서는 기름이 필요한 것처럼 공부하기 위해서도 밥이 필요해. 밥을 먹지 않으면 신체 능력이 떨어질 뿐 아니라 뇌 활동도 어려워지거든. 어지럼증이 오기도 하고 정서 불안이 오기도 해. 밥을 먹지 않으면 공부 잘할 수 없는 것은 지극히 당연한 일이야.

아침밥 먹는 방법, 아주 간단해. 아침에 일찍 일어나기만 하면 돼. 아침에 일찍 일어나는 일이 어렵다고? 밤에 일찍 자기만 하면 돼. 밤에 일찍 자고 아침에 일찍 일어나면 아침밥도 먹을 수 있고 학교도 여유 있게 갈 수 있으며 기분도 상쾌해지고 졸리지도 않으며 수업도 재미있게 받을 수 있어. '일거양득'이 아니라 '일거오득'이지. 공부 잘하기 위한 출발이 밤에 일찍 자는 것이라는 사실 명심하면 좋겠어. "새 나라의 어린이는 일찍 일어납니다. 잠꾸러기 없는 나라 우리나라 좋은 나라"라는 동요를 마음에 새겨야 하는 거야.

밤 11시에 자는데도 아침에 일어나기 힘들다고? 전날 하루 일찍 잤다고 다음 날 일찍 일어날 수 있는 게 아니야. 신체 리듬이 바뀌지 않았기 때문이지. 기계가 잘못됐다면 기계를 바꾸어야 하는 것처럼, 신체 리듬이 늦게 자고 늦게 일어나는 것에 맞춰졌다면 일찍 자고 일찍 일어나는 신체 리듬으로 바꾸어야 해. 적어도 3주의 시간이 필요해. 지금부터라도 밤 11시에 자고 아침 6시에 일어나는 습관을 들여야 해. 3주 정도 지나면 밤 11시가 되면 잠이 올 것이고 아침 6시가 되면 알람 없이도 눈이 떠지게 될 거야.

일찍 일어나면 아침밥 먹을 수 있고 학교에 빨리 가서 맑은 정신으로 아침 공부할 수 있으니 실력 향상은 저절로 될 거야. 졸리지 않고 맑은 정신으로 수업에 임할 수 있으니 성적 올라가는 건 당연하겠지.

018

아무리 노력해도 원하는 점수가 나오지 않습니다. 공부를 열심히 하고 싶기도 하지만 놀고 싶고 쉬고 싶기도 합니다. 재미있게 놀다가도 공부 안 했다는 생각에 기분이 안 좋아지기도 합니다. 이러할 때는 어떻게 해야 하나요?

서운하게 들릴 수 있겠지만 선생님이 보기에 너 노력 안 한 것 같은데. 네가 노력했다는 것은 착각일 확률이 높아. 과거의 너와 비교하여 노력했다고 생각할 수 있고, 공부하지 않고 노는 친구와 비교하여 노력했다고 이야기할 수도 있지. 책상 앞에 오래 앉아 있었다고? 책상 앞에 오래 앉아 있는 게 노력 아니야. 몰입하여 공부해야 진짜 노력인 거지. 잡념이 끊이지 않고 머릿속을 맴돌았다면 노력했다고도 공부했다고도 말할 수 없어.

노는 것은 괜찮아. 하지만 생활의 중심은 공부이어야 해. 반에서 공부 잘하는 아이들을 따라 하는 것도 좋은 방법이야. 일주일만 그대로 따라 해볼래? 수업시간에 어떻게 하는지, 쉬는 시간에 어떻게 하는지, 말은 얼마만큼 하는지, 그리고 물어봐. 하교 후에 어떻게 시간을 활용하는지. 잘못했던 일은 반성하고 따라 해야 할 것은 따라 하면 좋겠어.

그렇다고 성적이 곧바로 오를 것을 기대해서는 안 돼. 3개월 후에 '나는 왜 성적이 나오지 않지?'라고 괴로워해서는 안 돼. 그 친구는 60개월 노력했고 너는 3개월 노력했는데 결과가 같으면 그게 이상하잖아. 중요한 것은 포기하지 않는 거야. 포기하지 않고 꾸준히 하면 반드시 좋은 결과가 있다고 믿어야 해.

일단 한 과목만 열심히 해보는 방법도 있어. 열심히 하면 가능하다는 사실을 확인하여 자신감을 얻은 다음에 또 다른 과목을 공부해보는 방법도 괜찮거든.

019

익힘이 중요하다고 하셨는데,
어떤 방법으로 익혀야 더 잘 익힐 수 있나요?

아는 것은 무엇일까? 어떤 상태를 안다고 이야기할 수 있을까? 책이나 자료를 보지 않고 누군가에게 설명해줄 수 있을 때야. 그러니까 책이나 자료를 보지 않고 누군가에게 설명해줄 수 있을 때까지 반복해서 익혀야 하겠지.

이해가 먼저야. 시간이 없다는 이유로 이해하지 않고 암기하려하면 오히려 시간이 오래 걸리거든. 설령 암기하였다 하더라도 쉽게 잊어버리게 되지. "알허라구리행촐번멍너올넘타돈면"과 "세상에서 가장 센 힘은 생각하는 힘이다. 그러므로 생각하기를 즐겨야 한다"를 비교해보자. 의미 없는 글자들의 조합인 첫 번째 글은 15자이지만 암기도 어렵고 설령 암기했다 해도 곧바로 잊어버리게 되지만, 의미 있는 글자로 조합된 두 번째 글은 30자임에도 쉽게 암기할 수 있고 오랫동안 뇌에 저장할 수 있을 거야.

어린아이에게 책을 읽어주는 일이 아이들의 성장에 크게 도움이 되지 않는다는 연구 결과를 본 적 있어. 듣는 것은 이해도 어렵고 기억하기도 어렵다는 이야기야. 듣는 공부보다 보는 공부가 효율적이라는 이야기이기도 하지. 강의 듣는 일에 힘쓰지 말고 책을 보면서 공부하라고 권하고 싶어. 시각, 청각, 후각, 미각, 촉각 중 인간의 뇌가 가장 많이 활용하는 감각은 시각이기 때문이야.

020

어떤 방법을 써도 공부에 대한
동기, 욕구가 생기지 않아 고민입니다.

새벽에 전통시장을 가보라고 권하고 싶구나. 항구도시로 여행 갈 기회가 생기면 새벽에 수산물 경매 시장에 꼭 들러봐. 열심히 사는 사람들의 모습을 보면 자신의 게으른 삶이 반성되며 열심히 살아야겠다는 의욕이 생길 거야.

온종일 발이 부르트도록 걸어보는 것도 좋아. 자기가 사는 지역이지만 아직 한 번도 가보지 않은 동네를 걸어보는 것도 공부에 대한 욕구를 만들 수 있어. 한적한 시골길을 걷다가 할머니 할아버지를 만나 대화를 나눠보는 것도 좋고 농사일을 도와주면서 공부가 쉬운 일이라는 사실을 깨닫는 것도 공부를 어렵게 생각하지 않을 방법이 될 것 같구나.

021

갑자기 공부가 하기 싫어질 때는
어떻게 해야 하나요?

잠깐 쉬어가는 것도 괜찮은 방법이야. 운동경기 중계방송을 보다 보면 아나운서나 해설자가 몸 상태와 정신 상태가 중요하다는 이야기를 많이 하잖아. 그런데 몸 상태와 정신 상태는 운동선수보다 공부하는 학생에게 더 중요하단다. 공부가 싫어지는 이유 중 하나는 몸과 정신의 피로 때문인데 피로를 없애는 가장 좋은 방법은 쉬거나 신나게 노는 일이야. 쉬는 일과 신나게 노는 일을 시간 낭비라고 생각하지 않으면 좋겠어. 낭비가 아니라 더 잘하기 위해 힘을 모으는 일로 이해하는 게 좋다는 이야기야. 2보 전진을 위한 1보 후퇴라고 생각하자는 이야기지.

커피나 각성제 등은 피하는 게 좋아. 커피나 각성제는 일시적으로 머리가 맑아지는 느낌을 주지만 오히려 피로가 더해지고 숙면을 방해하여 집중력을 떨어뜨리기 때문이야. 운동이나 산책을 권하고 싶어. 몸 상태와 뇌 활동은 깊은 상관관계를 가지고 있기 때문이야. 운동이나 산책은 신체 능력뿐 아니라 뇌 능력도 좋게 만든다는 사실을 알면 좋겠어.

022

꾸준히 공부하는
방법을 알려주세요.

공부 잘하는 비법 중 하나가 꾸준히 하기라는 사실은 알고 있구나. 그래. 맞아. 다른 일과 마찬가지로 공부 역시 꾸준히 해야 좋은 결과를 만들어낼 수 있어. 꾸준히 공부하기 위해서는 어떻게 해야 할까? 무리하지 않아야 해. 한 발 앞서 나가려다 두 발 늦게 가는 경우가 있기 때문이야. 밤에 한 시간 더 공부하면 다음 날에 평소보다 세 시간 공부 못하게 되기 때문이지. 밤에 한 시간 더 공부하는 이익보다 다음 날 세 시간 공부 못하는 손해가 크다는 사실을 알아야 해.

잊어버린다고 짜증 내면 안 돼. 인간은 망각의 동물이기에 잊어버리는 것이 당연하다고 생각해야 해. 한두 번 읽어서 자기 지식으로 만들 수 있는 사람은 없다는 사실도 알아야 하지. 읽고 또 읽어야 해. 그것도 생각하면서. 물건은 한 번 호주머니에 넣어두면 도망치지 않지만, 지식은 잠깐만 방심해도 쉽게 도망쳐버리거든. 성적이 빨리 오르지 않는다고 실망하거나 포기하지 말아야 해.

열심히 하는 친구와 함께 공부하는 것도 중요한 방법이야. 잡념이 떠오를 때면 친구에게 질문하거나 질문해달라고 부탁하는 것도 방법이야. 질문하거나 질문에 답할 때는 잡념이 사라지고 집중하게 되거든.

023

학교 내신에 치중하다 보니 모의고사 점수가 잘 안 나옵니다. 이대로 해도 되는 걸까요?

내신과 수능을 별개로 생각하는 학생이 있는데 절대 그렇지 않아. 수능을 잘 보기 위해서라도 학교 공부에 충실해야 해. 지난 수능시험 때 출제위원장은 수능 출제 방향 브리핑에서 "학교에서 얼마나 충실히 학습했는지 평가하기 위해 고교 교육과정 내용과 수준에 맞춰 출제하고자 했다"라고 말했어. "핵심적이고 기본적인 내용을 중심으로 출제함으로써 고교 교육 정상화에 도움이 되도록 했다"라고 덧붙였지.

내신 성적이 잘 나오면 모의고사 성적도 잘 나오는 것이 일반적이지만 내신 성적에 비해 모의고사 성적은 잘 나오지 않는 학생도 있긴 해. 생각하는 공부를 하지 않고 암기만 열심히 했던 학생이지. 수능에서 좋은 결과를 얻고 싶다면 서두르지 말고 생각하고 또 생각하면서 꼼꼼히 공부해야 해. 잘 가르치는 선생님에게 배우겠다는 태도보다 스스로 알아내겠다는 태도로 공부해야 하지. 출제자의 의도를 알아내려는 노력도 필요하고.

시간이 부족하다고? 그래. 시간이 부족하지. 하지만 시간이 부족하다는 이유로 빨리빨리를 외치다 보면 대충 풀게 되고 그렇게 되면 실수를 많이 할 수밖에 없어. 시간 부족의 원인은 실력 부족 때문이거든. 실력을 키우면 속도는 저절로 빨라질 수 있어. 만점 받겠다는 욕심을 버릴 필요도 있어. 몇 문제 풀지 못해도 괜찮다는 여유를 가져야 한다는 이야기야. 열 개를 대충 아는 것보다 하나를 정확하게 아는 것이 중요하다고 했지? 문제를 다 풀긴 풀었는데 실수를 많이 한 것보다는 몇 문제를 풀지 못했어도 정확하게 풀어야 좋은 점수 받을 수 있다는 사실, 알면 좋겠어.

024

자기주도학습을 하고 있습니다.
성적이 상위권인데 더 올리고 싶으면
어떻게 해야 하는지 궁금합니다.

성적을 더 올리고 싶다면 지금까지처럼 묵묵히 흔들리지 말고 자기주도학습을 계속해나가면 돼. 자기주도학습의 힘을 믿고, 자신의 능력을 믿으면 성적은 무조건 올라갈 수 있기 때문이야. 시간을 절약한다는 이유로 짧게 생각한 후 곧바로 해설지를 보면 안 돼. 생각해보지도 않고 고민해보지도 않은 채 선생님에게 물어보아도 안 되지.

공부 잘하는 아이들은 강의 듣기보다 혼자 책으로 공부하기를 즐겨한다는 것 알고 있지? 언젠가 수능시험을 잘 치른 성적 우수자들에게 수능시험에 가장 효과를 많이 준 공부법이 무엇인지 질문을 던져본 적 있어. 24명에게 학교 수업, 학원 수업, 인터넷 강의, 과외 수업, 자율학습을 선택지로 주었는데 모두 자율학습이 최고로 좋은 공부법이라고 대답해주었어.

025

성적을 단기간에 올리려면
어떻게 해야 하나요?

단기간에 성적 올리는 비법은 없어. 학문에는 왕도가 없다고 하는 이유야. 하지만 슬퍼하지 않아도 괜찮아. 기회는 아직 많이 남아 있으니까. 공부가 대학입시로 끝나는 게 아니니까. 대학에서의 공부가 진짜 공부고 고등학교까지의 공부보다 훨씬 중요한 공부이니까.

대학에서 공부 잘하기 위해서도 고등학교 때 공부해야 해. 기초가 튼튼해야 집을 튼튼하게 지을 수 있고 그 집이 오래 견딜 수 있는 것처럼 고등학교 때 배경지식을 잘 쌓아놓아야 대학에서 공부 잘할 수 있기 때문이야. 단기간에 성적 올릴 방법 찾지 말고 지금부터라도 꾸준히 열심히 하면 언젠가 반드시 좋은 결과 있으리라 생각하는 게 좋아.

늦지 않았어. 지금부터나노 열심히 하면 원하는 대학에 갈 수 있어. 설령 원하는 대학에 갈 수 없을지라도 대학에서 열심히 공부한다면 얼마든지 자신이 하고 싶은 일을 하면서 멋지게 살 수 있음을 믿어야 해. "신에게는 아직 열두 척의 배가 있습니다"라는 이순신 장군의 말을 되새김질하면 좋을 것 같구나.

026

모의고사는 어떻게 공부해야
좋은 점수 받을 수 있나요?

학교 시험과 모의고사를 다른 것으로 생각하는 학생들이 많은데 다르지 않아. 실력 있으면 내신도 모의고사도 잘 치러낼 수 있고 실력이 없으면 내신도 모의고사도 잘 치러낼 수 없어. 모의고사 공부 방법 역시 따로 있지 않아. 학교 수업에 충실하면 모의고사 성적도 좋게 받을 수 있고 많이 생각하면 환하게 웃을 수 있거든. 수학능력시험은 사고력을 측정하는 시험이고 사고력은 생각하는 힘이니까.

모의고사든 수학능력시험이든 학교 시험이든 비법은 분명해. 많이 읽고 많이 생각하면 돼. 의문을 품고 그 의문을 해결하려고 낑낑대는 것도 좋은 방법이지. 맑은 정신을 유지하고, 반복해서 익히고 또 익히는 것 또한 중요한 방법이란다. 어떤 학생이 이렇게 이야기한 적 있어. "세 번째 읽고 있는데, 지난 두 번 읽었을 때 보지 못했고 생각하지 못했던 것이 많이 있네요"라고.

027

운동하면 피곤해요.
그래도 공부해야 하나요?

선생님은 일주일에 두 번 정도 땀이 속옷을 적실 정도로 테니스를 하곤 해. 복식보다 단식을 자주 하지. 하지만 저녁 식사 후에 책상 앞에 앉으면 11시 20분까지 거뜬하게 책을 읽고 글도 쓰곤 해. 처음부터 그랬던 것은 아니야. 예전에는 테니스를 한 날 밤에는 피곤하다는 이유로 곧바로 침대에 눕곤 했어. 하지만 어느 날 책상 앞에 앉아 책을 보니 괜찮더라고. 피곤했지만 괜찮았어. 지금은 운동을 많이 하여도 밤에 피곤함을 느끼지 않아. 습관의 힘이라는 생각을 해보았어. 운동을 습관화하고 공부를 습관화하면 운동도 공부도 전혀 피곤하지 않다는 사실을 확인한 거야.

고3이 되더라도 운동하는 게 좋아. 운동해야 공부도 잘할 수 있지. 물론 지나치게 해서는 안 되고 다칠 정도로 격렬하게 해서도 안 되지. 점심시간이나 저녁 식사 후에 운동하라고 권하고 싶어. 피곤해서 어떻게 공부할 것이냐고 걱정하지 않으면 좋겠어. 습관 들면 피곤하지 않을 뿐 아니라 오히려 뇌 활동이 활발해져서 공부 효율이 높아질 거니까. 어쩌면 실제로 피곤한 것이 아니라 피곤할 거라는 느낌일 수도 있다는 생각을 해보았어.

학교에 가야 하는 것처럼, 직장에 출근해야 하는 것처럼, 군대에 가야 하는 것처럼 공부도 선택이 아닌 의무야. 피곤하다는 이유, 하기 싫다는 이유로 공부를 쉬어서는 안 돼. 밥 먹는 것처럼, 세수하는 것처럼 습관을 들이면 아주 자연스러운 일이 되지. 운동했다는 이유로 피곤하다는 핑계를 대면서 빨리 잠자리에 들어서도 안 되고 어영부영 시간을 흘려보내서는 안 되는 거란다.

028

학교 선생님에게 질문하는 게 미안해요.
어떻게 해야 하나요?

미안해하지 않아도 돼. 선생님은 너희들을 도와주고 너희들의 질문에 대답해주기 위해 존재하기 때문이야. 국가로부터 월급 받는 이유이기도 하지. 선생님에게 예의는 지키되 당당할 필요가 있어. 택시 요금을 지급하고 당당하게 택시를 타는 것처럼 학생으로서 당당하게 선생님께 질문을 던져 문제를 해결해야 할 권리가 있는 거야.

질문하기 전에 반드시 깊이 생각해보아야 해. 생각해보지도 않고 질문하는 것은 선생님에 대한 예의도 아니고 공부에도 도움이되지 않아. 그리고 질문할 때는 아는 것은 무엇이고 모르는 것은 무엇인지 말해주는 게 좋아. 의사 선생님께 어디가 어떻게 아프다고 알려주어야 의사 선생님이 잘 치료해줄 수 있는 것과 마찬가지라고 생각하는 것이 좋아.

선생님에게 묻기 전에 친구에게 먼저 물어보는 것이 좋단다. 친구에게 물을 때는 꼬치꼬치 물을 수 있고 또 친구의 설명을 들을 때는 여유 있게 생각하게 되기 때문이야. 그런데 친구에게 질문한 후 친구와 함께 고민하는 과정에서 문제가 해결되어 선생님께 묻지 않아도 되는 경우가 대부분일 것 같구나.

029

선생님께서는 머리말을 열심히 읽으라 하고
머리말에서 시험도 내셨는데
머리말이 중요한 이유를 설명해주세요.

공부에도 순서가 있어. 훑어 읽기, 의문 품기, 자세히 읽기, 암기하기, 확인하기가 그것이지. 훑어 읽기는 공부할 내용을 자세하게 읽기 전에 전체 내용을 큰 흐름에 따라 살펴보는 것을 말해. 낯선 곳을 가기 전에 지도를 펼쳐놓고 어느 길로 가고 어떠한 방법으로 가며 무엇을 볼 것인지를 확인하는 일이라 할 수 있지.

머리말이 왜 중요하냐고? 머리말에는 책에 어떠한 내용이 적혀 있는지, 책을 읽는 목적이 무엇인지, 어떻게 읽어야 하는지에 대한 설명이 잘 나와 있기 때문이야. 대충 읽어서는 안 되고 꼼꼼히 읽어야 해. 한 번 읽지 말고 여러 번 읽어야 하지. 단원이 끝날 때마다 읽어도 좋아. 머리말을 잘 읽어두면 책 전체의 내용 이해에 큰 도움을 받을 수 있단다. 목차(차례)도 읽어야 해. 꼼꼼히 읽으면서 어떤 내용을 담고 있는지 파악해야 하지. 소제목을 읽으면서 상상

해보고 의문을 품을 필요가 있어. 의문을 해결할 필요는 없어. 의문을 품는 것만으로도 충분하지. 그 상상과 의문이 집중력을 높여주고 탐구심을 강하게 만들어줄 것이야.

머리말은 저자가 심혈을 기울여 쓴 글이야. 저자가 본문 1쪽을 쓰는 데 3시간이 걸렸다면 머리말 1쪽을 쓰는 데는 10시간 이상 걸렸을 수 있어. 머리말을 중요하게 생각해야 하고 꼼꼼하게 읽어야 하는 이유가 되는 거란다.

030

공부가 너무 싫은데
어떻게 해야 하나요?

음식도 먹기 싫을 때는 먹지 않아도 되는 것처럼 공부도 하기 싫을 때는 하지 않아도 괜찮아. 다만 먹기 싫다 해서 계속 아무것도 먹지 않으면 힘을 쓸 수 없고 고통스러우며 죽을 수 있는 것처럼, 공부 역시 싫다는 이유로 아예 그만두면 행복은 멀어져가고 괴로움만 찾아올 수 있다는 사실까지 알아야 해.

직장인에게는 출근해서 일해야 하는 의무가 있는 것처럼 학생에게는 학교에 가서 공부해야 하는 의무가 있어. 시내버스 기사님이 운전하기 싫다는 이유로 도로에 버스를 주차해놓고 잠을 자거나 유튜브를 보면 안 되는 것처럼, 학생 역시 공부하기 싫다는 이유로 자신의 본분인 공부를 포기하고 게임을 하거나 SNS를 하면 안 되는 거야. 학생도 직업이고 학생이 해야 할 일은 공부라는 사실을 잊지 않으면 좋겠어.

진심으로 하고 싶은 일, 정말 잘할 수 있는 일이 있다면 그 일을 해도 돼. 책상 앞에 넋 놓고 앉아 시간만 낭비하는 것보다 하고 싶은 일 하는 것이 훨씬 좋지. 그런데 공부 말고 할 수 있는 어떤 일이 없다면 공부를 하는 것이 옳아. 아니, 공부 말고 하고 싶고 잘할 수 있는 일이 있을지라도 교실에서만큼은 공부하는 게 좋아. 인간의 삶에서 가장 기본이 되는 일이 공부이기 때문이고 공부도 하다 보면 기쁨이 솟아나기 때문이며 미래 행복의 원천이 되기 때문이야.

한글을 읽지 못하고 더하기 빼기 곱하기 나누기를 하지 못하는 자신의 모습 상상해보았니? 버스표도 살 수 없고 어떤 차를 타야 하는지도 알 수 없잖아. 자막 처리된 외국 영화도 볼 수 없고 물건 사는 일도 어렵잖아. 하고 싶은데 할 수 없고 먹고 싶은 것 먹을 수 없고 SNS도 할 수 없잖아. 불편하고 고통스러운 게 한둘이 아니야. 알고 보면 공부는 기쁨을 주는 행복 상자야.

공부가 무슨 뜻인지 아니? '만들 공(工)' '대장부 부(夫)'로 대장부를 만드는 일이라는 뜻이야. 옛날에는 '대장부'였지만 지금은 '사람'이겠지. 사람다운 사람이 되도록 하는 일이야. 이왕이면 사람답게 사는 게 좋지 않겠니? 공부해야 하는 이유란다. 자신의 행복을 위해 공부해야 하는 거야. 공부, 힘들 수 있어. 이때 이렇게 중얼거리면 어떨까? "고통이여 괴로움이여 얽힌 데 덮치며 오너라. 그 뒤에는 그만큼 즐거움이 있으리니."

공부는 대학에 가기 위해서 하는 게 아니야. 월급 많이 받는 직장에 가기 위해서 하는 일도 아니지. 살아가는 데 필요한 지식과 지혜를 얻기 위해서 하는 거야. 자기를 객관화하기 위해서, 다른 사람을 이해하기 위해서, 세상을 알기 위해서 공부하는 거야. 돈이 있으면 필요할 때 유용하게 쓸 수 있는 것처럼 지식과 지혜를 쌓아두면 언젠가 필요할 때 유용하게 사용할 수 있기에 공부한다는 사실, 명심하면 좋겠어.

잠이 올 때
잠 깨는 좋은 방법을 알려주세요

잠 깨는 방법이 있냐고? 없어. 잠깐 잠을 쫓아낼 수 있을지 몰라도 잠은 곧바로 다시 찾아오게 돼 있어. 인간이야. 반드시 먹어야 하고 반드시 배설해야 하는 것과 마찬가지로 반드시 잠자야만 해. 먹는 일을 참을 수 없고 소변 대변 마려운 것을 참을 수 없는 것처럼 잠 오는 것도 참을 수 없어. 먹지 않고 사는 방법을 연구하지 말고 먹어야 하는 것처럼 잠 깨는 방법을 찾지 말고 잠을 자야 해.

잠을 충분히 잤음에도 잠이 오면 운동을 하거나 산책을 하거나 노래를 부르는 일로 잠을 깨면 되지만 잠을 충분히 자지 않았을 때 잠 깨는 방법은 하나뿐이야. 잠을 자는 것. 그런데 많이 자면 절대 안 돼. 시간이 아깝기 때문이 아니라 낮에 잠을 자면 밤에 잠을 깊게 자지 못해서 다음 날 낮에 또 잠이 오게 되기 때문이야.

먹지 않고 배고픔을 해결할 수 없는 것처럼 잠자지 않고 잠 오는 것을 막을 방법은 없어. 잠을 충분히 자야 해. 충분히 자는 것

PART 1 공부가 뭐예요? 어떻게 해야 해요?　　　　　　　　　　　　　　。75

과 함께 규칙적으로 자는 것도 중요하지. 사흘 먹을 밥을 한 번에 몽땅 먹고 여덟 끼를 굶을 수 없는 것처럼 잠도 한꺼번에 몽땅 자고 2~3일 동안 공부만 할 수는 없어. 매끼 적당량의 음식을 먹어야 하는 것처럼 매일 적당량의 잠을 자고 적당량의 휴식을 취하며 적당량의 공부를 해야 하는 거야.

누구에게나 양질의 충분한 수면이 필요해. 공부하는 사람에게는 더더욱 그렇지. 하늘이 무너져도 밤 11시 30분 이전에 자는 게 좋아. 숙제를 끝내지 못했어도 잠자야 하고, 문제를 풀다가 정답을 찾지 못했어도 시간이 되면 중단하고 잠자야 해. 하루 늦게 자면 다음 날만 졸리는 게 아니라 다음다음 날까지 영향을 주기 때문이지. 30분 늦게 자면 다음 날 30분만 비몽사몽 한 게 아니라 3시간 비몽사몽하게 되기 때문이야. 잠이 오지 않아서 어쩔 수 없이 늦게 잤다고 이야기하는 사람이 있어. 하지만 잠이 오지 않을지라도 시간이 되면 누워야 해. 누워 있게 되면 잠이 오게 되어 있으니까.

낮에 졸거나 자면 밤에 잠이 안 올 수 있어. 낮에 졸거나 자고 밤에 잠을 이루지 못하는 것은 정상적이지도 않고 바람직하지도 않아. 이런 악순환을 끊어야 하고 다시는 이런 상황이 오지 않도록 해야 하지. 선생님이 군 훈련소에서 조교를 했었는데 밤 10시에 취침하도록 했어. 군 훈련소의 취침 시간은 밤 10시였지. 그런데 5분 안에 잠들지 못하는 훈련병은 150여 명 중 한 명도 없었어.

밤에 많이 잤음에도 다음 날 낮에 잠이 온다고 이야기하는 학생이 있어. 그럴 수 있어. 그런데 왜 그럴까? 생체 리듬 때문이야. 그동안 계속 오전 10시에 잠이 왔다면 전날 아무리 많이 잤을지라도 오전 10시가 되면 잠이 오게 되어 있어. 아침 식사를 했든 하지 않았든 점심시간이 되면 배가 고파지는 것과 같은 이치지. 습관을 고치려면 최소 3주가 걸린다고 해. 3주 동안 하루도 거르지 않고 낮에 운동하든 계속 서 있든 모든 수단을 다해 필사적으로 깨어 있으려 노력하고 밤 11시 30분 이전에 자게 되면, 3주 이후에는 낮에 조금도 졸음이 오지 않게 될 거야. 습관의 힘은 대단하거든.

잠을 불규칙적으로 자면 수면 패턴이 흐트러지고 호르몬 분비나 체온 리듬이 흐트러지기 때문에 모든 능력이 떨어진단다. 비행기 타고 멀리 갔을 때 확인할 수 있지. 늦게 자거나 수면시간이 적거나 수면시간이 불규칙할 때 인간의 모든 능력이 저하된다는 사실을 잊지 않으면 좋겠어.

032

집중 오래 하는 법 알려주세요.
공부가 잘 안 될 때는 어떻게 해야 하나요?

처음부터 잘할 수는 없어. 어떤 일에서나 처음은 어려운 법이지. 집중력도 마찬가지야. 처음부터 집중을 잘하면 좋겠지만 처음에는 어렵다는 사실을 인정하고 포기하지 않는다면 어느 순간 집중력이 생긴 자신을 발견할 수 있을 거야. 처음부터 집중을 잘할 수 있는 게 아니라 포기하지 않고 집중하다 보면 집중이 잘된다는 사실, 꼭 명심하면 좋겠어.

공부가 안 될 때 어떻게 하냐고? 오랜 시간 공부를 열심히 했다면, 공부가 잘 안 될 때는 쉬어 가는 것도 하나의 방법이야. 잠깐 휴식을 취한 후 다시 열심히 하는 것은 2보 전진을 위한 1보 후퇴이니까 나쁜 게 아니야. 하지만 휴식을 취한다면서 컴퓨터게임 하는 것은 바람직하지 못해. 컴퓨터게임이 머리를 식히고 피로를 해소하는 일이 아니라 오히려 피로를 불러오기 때문이지. 운동하거나 산책을 하거나 음악을 듣는 방법으로 휴식을 취하는 것을 권하고 싶어. 노래를 부르거나 악기를 연주하는 것도 방법이 될 수 있지.

집중력을 기르는 방법 중 하나는 심호흡이야. '깊을 심(深)' '숨 내쉴 호(呼)' '숨 들이마실 흡(吸)'의 심호흡은 숨을 깊이 내쉬었다가 들이마시는 방법이지. 똑바로 앉은 자세에서 어깨를 위로 올렸다가 털썩 내려서 힘을 뺀 후, 허리를 곧게 펴고 앉아 코로 5초 동안 공기를 마셔. 그런 다음 3초 정도 숨을 멈춘 다음 길게 숨을 내쉬는 동작이야. 두세 번 한 다음에 공부하면 집중력이 높아져서 공부 효율을 높일 수 있단다.

033

공부한 내용이 자꾸 잊힐 때는
어떻게 해야 하나요?

'에빙하우스의 망각 곡선' 알고 있지? 한 번 들은 내용은 20분이 지나면 41.8퍼센트가 잊힌다는 실험 결과야. 1시간이 지나면 55.8퍼센트가, 하루 지나면 66.3퍼센트가 기억에서 사라진다는 내용이지. 인간은 망각의 동물이야. 공부한 내용이 저절로 기억에서 사라지는 것은 보통의 인간에게는 지극히 정상적인 일이지. 그러면 어떻게 해야 하냐고? 반복이지. 망각을 극복하는 최고의 방법은 반복이야.

공부한 내용을 오래 기억하고 싶다면 반복해야 해. 언제 반복하는 게 좋을까? 수업이 끝난 바로 직후야. 쉬는 시간에 반복하라는 이야기냐고? 그래. 맞아. 쉬는 시간에 복습하는 것이 가장 효율적이야. 수업받느라 피곤하기에 쉬는 것이 맞지만 망각으로 들어가기 전에 간단하게나마 복습하면 뇌에 오래 저장되기 때문이야. 미안한 이야기지만 수업이 끝난 직후인 쉬는 시간에 3, 4분 동안 복습해주면 좋겠어. 일주일 후 1시간 복습하는 것과 수업 직후 3, 4분 동안 하는 것의 효과가 같다면 쉬는 시간 3, 4분 하는 게 낫잖아. 대신 점심시간에 쉬고 저녁에 일찍 자면 돼. 주말에 많이 쉬고 재미있게 놀면 되지.

어떤 연극배우가 이렇게 고백한 적 있어. 첫 번째 연극의 대본을 암기하는 데 30일이 걸렸대. 그런데 두 번째 연극의 대본 암기는 20일이 걸렸고, 세 번째 대본 암기는 15일이 걸렸다는 거야. 암기력도 훈련으로 향상할 수 있다는 이야기지. 암기를 자주 하게 되면 암기력도 향상된단다. 고기도 먹어본 사람이 잘 먹는 것처럼 암기도 자주 해보는 사람이 잘할 수 있다는 사실을 강조하고 싶어.

누군가에게 설명해주는 방법도 있어. 누군가에게 설명해주어야 한다는 목표는 집중력을 가져오고 그 집중력은 암기력 향상을 가져오지. 공부할 때 집중력이 생기고 설명할 때 또 집중력이 생기니까 아주 효율적이야. 설명해주면서 부족한 부분을 확인하게 되고 그런 과정을 통해 완전한 자기 지식으로 만들 수 있단다.

034

열심히 하면
정말로 성적이 오를까요?

축구선수가 슛한다고 해서 항상 골인되는 것은 아니야. 하지만 슛을 하지 않으면 절대 골인을 시킬 수 없고 이길 수도 없어. 열심히 한다고 반드시 성적이 오르는 것은 아니지만 열심히 하지 않으면 어떤 경우에도 성적은 오르지 않는다는 이야기야.

성적이 오르든 오르지 않든 공부하는 일은 학생의 의무야. 최소한 학교에서만큼은 공부해야 해. 직장인들이 하기 싫은 일이라 해도 주어진 일이라면 해야 하는 것과 같지. 방과 후에는 공부 안 해도 괜찮냐고? 그래. 괜찮아. 취미활동 해도 되고 운동해도 돼. 음악도 좋고 미술도 좋지. 다만 아무 일도 하지 않고 시간을 허비하는 것은 바람직하지 않아. 무엇이든 열심히 하는 것이 스스로에게도 부모님에게도 친구에게도 부끄럽지 않은 일이니까. 무엇이든 열심히 하는 것이 행복 만드는 일이니까.

035

시험 준비를 할 때
교과서만으로 충분할까요?

국어사전에서 '교과서'를 찾아보았어. ① 학교에서 교과 과정에 따라 주된 교재로 사용하기 위하여 편찬한 책 ② 해당 분야에서 모범이 될 만한 사실을 비유적으로 이르는 말이라고 쓰여 있었어. 주된 교재로 사용하기 위하여 편찬한 책이 교과서야. 교과서만으로 충분하다고 할 수 없지만, 중심으로 삼아야 하는 책인 것은 분명해. 교과서만으로 충분할 수 있지만, 만약 혼자서 공부하기 힘들다면 자습서를 참고하면 돼. 교과서와 자습서만 있으면 혼자서 공부하기에 충분하다고 이야기해주고 싶어. 다만 꼼꼼하게 공부해야 하고 반복해서 익혀야 하겠지. 참고서와 문제집도 공부해야 하는 것 아니냐고? 참고서와 문제집은 보지 않는 게 좋아. 참고서와 문제집이 나빠서가 아니라 참고서와 문제집까지 공부하려 하면 교과서를 철저하게 공부할 수 없기 때문이야. 책이 한 권이면 4번을 볼 수 있지만, 책이 4권이면 한 번씩밖에 볼 수 없잖아. 자세하게 보지 못하고, 반복해서 보지 못하니까 아는 게 없을 거고, 아는 게 없으니까 성적이 나오지 않는 거지.

여자친구가 한 명일 때와 네 명일 때, 어떨 때 결혼을 빨리할 수 있을까? 정답은 한 명일 때야. 한 명이라야 진하게 사랑할 수 있기 때문이지. 책이 적을 때 공부 잘하게 될까? 책이 많을 때 공부 잘하게 될까? 책이 많으면 공부 잘할 수 없다가 정답이야. 공부를 잘한다는 것은 정확하게 안다는 이야기인데 책이 많으면 여러 번 꼼꼼히 볼 수 없고 여러 번 꼼꼼히 보지 못하면 정확하게 알 수 없게 되기 때문이지. 많은 책을 대충대충 보지 말고 교과서 한 권을 꼼꼼히 여러 번 보는 것이 좋아. 교과서로 씨름하다가 교과서가 이해되지 않을 때만 자습서를 보면 돼. 그림, 사진, 도표까지 꼼꼼히 살펴야 해. 학습활동도 철저하게 연구하는 것이 좋지.

주된 교재로 사용하는 책이 교과서고 스스로 익히기에 좋은 책이 자습서라는 사실, 참고로 보는 책이 참고서이고 아는지 모르는지 스스로 테스트하기 위한 책이 문제집이라는 사실까지 알면 좋겠어.

036

공부가 너무 싫은데
어떡하지요?

선생님은 연주할 줄 아는 악기가 없어. 지금이라도 배울까 생각해보았는데 너무 억울했어. 스무 살에 배웠더라면 50년을 써먹을 수 있었을 텐데 지금 배우면 10년밖에 써먹지 못하잖아. 운전도 마찬가지야, 이왕이면 빨리 배우는 게 이익이지. 남들은 일찍 배워서 50년 운전하는데 자기는 늦게 배워서 10년만 운전하게 되면 억울하니까. 공부는 더더욱 그래. 지금 하면 평생 활용할 수 있지만, 나중에 하면 아예 써먹지 못할 수 있어. 젊은 날에 공부해야 하는 이유지. 책도 젊은 날에 많이 읽어두어야 이익이란다.

학교 안 다닐 수 없잖아? 학교에 가면 교실에 갇혀야 하고. 수업 시간에 공부 말고 마땅히 할 수 있는 게 없잖아? 선생님의 강의 내용을 알아듣지 못하면 자신만 고통스럽잖아? 영어를 모르는데 온종일 교실에 갇혀서 영어로 하는 강의를 듣는다고 생각해봐. 지옥이 따로 없잖아. 좋은 대학에 가기 위해서가 아니라, 미래의 행복을 위해서가 아니라, 지금 현재의 행복을 위해서도 공부해야 한다고 이야기하고 싶어. 최소한 교실에서는.

친구가 2만 원짜리 점심을 사 준 후에 함께 어디 좀 갔다 오자고 하면 갈까 가지 않을까? 특별한 일이 없는 한 함께 가겠지. 그냥 가자고 하면? 가지 않을 확률이 훨씬 높지. 빚을 지면 그 사람에게 끌려다니게 된다는 이야기야. 혜택을 받으면 혜택을 준 사람의 부탁을 들어주어야 한다는 이야기지. 지금 부모님이 너희들에게 바라는 것은 무엇일까? 돈 벌어오라는 것 아니잖아. 공부 열심히 하라는 거지. 들어주어야 할까 들어주지 않아도 될까? 2만 원 점심에도 부탁 들어주었는데 2만 원과 비교도 되지 않은 엄청난 혜택을 받아놓고 부모님의 바람을 들어주지 않으면 안 되잖아. 부모님의 부탁 들어주기 싫으면 경제적 독립을 하든지. 부모님을 위해 공부하는 것은 아니지만 부모님을 위해서라도 공부해야 하는 거야. 힘들고 싫더라도. 부모님에 대한 최소한의 예의이니까.

037

일찍 자도 학교에서 잠이 온다면
어떻게 할까요?

몸이 기억한다는 말이 있어. 매일 오전 6시 30분에 일어나는 사람은 전날 몇 시에 잤든 6시 30분이 되면 눈이 떠지는 거야. 매일 낮 12시 30분에 점심을 먹었다면 아침밥을 많이 먹었더라도 12시 30분이 되면 배가 고파져.

일찍 자는 것도 중요하지만 규칙적으로 자는 것이 더 중요해. 우리 몸은 하루 늦게 자면 다음 날만 잠이 오는 게 아니라 2~3일 동안 계속 잠이 오게 되어 있어. 선생님이 권하는 취침 시간은 밤 11시 30분부터 아침 6시 30분까지야. 중요한 사실은 하루도 예외 없이 이 시간을 지켜야 한다는 거지. 숙제를 못해도 괜찮고 시험공부를 끝내지 못해도 괜찮아. 취침 시간을 지키는 것이 가장 중요해. 시험 기간에도 마찬가지야. 올림픽 경기나 월드컵 경기가 밤늦게 열리는 경우도 마찬가지지. 30분이나 1시간 늦게 자서 다음 날이니 그다음 날 또 그다음 날에 3시간씩 졸아버리는 어리석은 짓은 하지 않으면 좋겠어.

우리 학교 축구선수들에게 몇 시에 자는지 물어보았니? 밤 10시야. 왜 감독, 코치님이 밤 10시에 자라고 할까? 다음 날 훈련에 지장이 없도록 하기 위해서야. 국가대표 축구경기가 밤 12시에 중계되면 감독, 코치 선생님은 그 축구경기를 보도록 할까 보지 말라 할까? 보지 말라고 해. 하루라도 잠을 늦게 자면 다음 날뿐 아니라 2~3일 동안 몸 상태가 좋지 않아서 제대로 운동을 할 수 없기 때문이야. 하늘이 무너져도 잠자는 시간은 충분해야 하고 규칙적이어야 한다는 사실, 하루도 예외 없어야 한다는 사실, 명심하고 실천해주면 좋겠어.

숙면을 이야기할 때 빼놓을 수 없는 것이 야식이야. 잠자기 직전에 음식물을 먹으면 수면의 질이 떨어지고 살이 찌게 된다는 연구 결과가 있어. 특히 고기류는 완전히 소화되기까지 4시간 정도가 걸리기 때문에 먹어서는 안 된다고 하더구나.

학생들에게 가장 무서운 게 수면의 악순환이야. 밤에 늦게 자기 때문에 낮에 학교에서 자게 되고, 낮에 학교에서 잤기 때문에 밤에 잠이 오지 않게 되지. 이 잘못된 악순환을 끊지 않으면 절대 공부 잘할 수 없는 거란다.

038

공부는
몇 시간이 적당한가요?

적당한 시간은 없어. 사람마다 다르고 그날그날의 상황에 따라 다르기 때문이지. 다다익선은 절대 아니야. 잠자는 시간을 줄여서 공부하는 것은 바람직하지 않기 때문이지. 오랜 시간 공부하는 것보다 맑은 정신으로 공부하는 것이 더 중요해. 시속 30킬로미터로 10시간 달리면 300킬로미터를 갈 수 있지만, 시속 5킬로미터로 16시간을 달리면 80킬로미터밖에 갈 수 없다는 사실을 알아야 해. 시속 30킬로미터는 맑은 정신으로 공부하는 것을 의미하고 시속 5킬로미터는 비몽사몽 상태로 공부하는 것을 의미한다는 사실은 알 수 있겠지?

휴식도 필요해. 1시간 공부한 다음 10분 정도 휴식을 취해주는 것이 좋아. 그 자리에서 그대로 앉아 쉬는 것보다는 일어나서 가볍게 몸을 움직여주는 것이 좋지. 그런데 스마트폰 만지는 것을 휴식이라 생각하면 안 돼. 뇌를 피곤하게 할 수 있고 기분을 상하게 만드는 SNS를 만날 수 있기 때문이야. 주말에 가족과 나들이 하는 것도 권하고 싶어. 맛있는 음식 먹고 멋진 경치도 구경하면서 가족 사랑을 확인할 수 있으면 공부에도 도움이 되기 때문이야. 방학에는 가족여행도 추천하고 싶어. 돈이 없다고? 사교육비 중 일부만 써도 가족 모두 엄청 행복할 수 있단다.

039

공부를 시작하려고 하는데
공부 방법을 알려주세요

가끔 공부 잘하는 친구를 칠판 앞에 세우곤 했어. 그리고 부탁했지. 친구들에게 공부 잘하는 방법 알려주라고. 대부분 아무 말 못하더라고. 재차 부탁해도 특별한 방법이 없다고 했어. 축구 잘하는 친구도 비법은 없다고 말했고 줄넘기 잘하는 친구도 비법을 말하지 않았어. 열심히 책을 보았을 뿐이라고, 열심히 공을 찼을 뿐이라고, 열심히 연습하였을 뿐이라고 말했어. 비법 찾으려 하지 마. 비법은 없으니까. 굳이 있다면 읽고 또 읽고, 생각하고 또 생각하고, 암기하고 또 암기하는 방법 외에는 없으니까.

공부 방법을 알고 공부하는 것이 좋긴 하지만 공부하면서 공부 방법을 찾아내는 것도 나쁘지 않아. 굳이 방법을 말한다면 예습하고 수업 듣고 복습하는 일이야. 예습은 어떻게 하는 것이 좋냐고? 아주 단순하고 쉬워. 다음 시간에 배울 내용을 읽기만 하면 돼. 이해되지 않아도 괜찮아. 옳게 해석하였느냐 옳지 못하게 해석하였느냐도 중요하지 않아. 생각해보았고 의문을 품어보았다는 것으로 충분해.

예습하고 수업시간에 선생님의 설명을 열심히 들으면 돼. 예습했다면 수업 내용이 재미있을 거야. 몰랐던 것을 알아가는 재미는 컴퓨터게임보다 더 재미있을 수 있어. 수업을 받은 후에는 반드시 복습해야 해. 수업시간에 배운 내용을 떠올리면서 꼼꼼하게 읽고 또 읽어야 하지. 그림, 사진, 도표의 의미까지 완벽하게 알아내야 한단다. 그런 다음에 책을 덮고 공부한 내용을 백지에 적어보는 거야. 책을 보지 않고 친구에게 설명해주는 방법도 추천하고 싶어.

규칙을 안 다음에 경기를 관람할 수도 있지만 관람하다 보면 경기 규칙을 알게 되는 경우도 많아. 공부 방법을 안 다음에 공부하는 방법도 좋지만, 공부해나가면서 스스로 공부 방법을 깨우치는 방법도 좋아. 알아내겠다는 마음을 먹고 시간을 투자하기만 하면 충분히 알아낼 수 있는 거란다.

공부 잘하고 싶다면 예습과 복습을 철저히 해야 한다고 이야기하지. 이 말을 부정하는 사람은 한 사람도 없어. 그런데 안타깝게도 예습 복습을 철저하게 하는 학생은 거의 없더라. 웃기지 않아? 슬프기도 하지? 사교육 때문이야. 사교육 받느라 예습 복습할 시간이 없기 때문이야. 예습 복습 철저히 하는 것이 공부 잘하는 비법임을 명심했으면 좋겠어.

040

어떻게 하면
책을 빨리 읽을 수 있을까요?

주마간산(走馬看山)이라는 말이 있어. 말을 타고 달리며 산천을 구경한다는 뜻으로 사물을 자세히 살펴보지 않고 겉만 바삐 대충 보는 것을 비유적으로 이르는 말이지. '수박 겉핥기'도 같은 의미냐고? 사물의 속 내용은 모르고 겉만 건드리는 일을 비유적으로 이르는 말이니까 비슷한 뜻이라고 할 수 있지. '주마간산'이나 '수박 겉핥기'가 부정적으로 쓰인다는 것이 중요해.

'빨리빨리'가 좋은 게 아니라는 이야기지.

공부도 마찬가지야. 책을 빨리 읽는 게 좋은 것이 아니고 진도를 빨리 끝내는 게 좋은 결과를 가져오지 못해. 빨리 읽으려 하지 않으면 좋겠어. 5쪽을 빨리 읽는 것보다 1쪽을 천천히 읽는 게 낫다는 사실을 알면 좋겠어. A는 5쪽을 읽긴 읽었지만 이해하지 못했고 B는 1쪽만 읽었으나 완벽하게 이해하였다면 B가 잘 읽은 거잖아. 읽었다는 사실이 중요한 게 아니라 읽어서 자신의 지식으로 만들었느냐가 중요해. 10쪽을 읽으려 하지 말고 3쪽이라도 확실하게 알 수 있도록 읽으면 좋겠어. 두 마리 토끼 쫓으면 한 마리도 잡을 수 없다는 것은 언제 어디에서나 진리니까. 자동차를 타고 빨리 달릴 적에는 보이지 않던 것이 천천히 걸을 적에는 잘 보였던 경험, 선생님은 많이 있는데.

041

문제집 필요 없이 어떤 과목이든
교과서만 읽으면 성적이 오르나요?

당연하지. 기본이 중요한데 교과서가 기본이니까. 대신 모르는 단어는 국어사전을 찾아 확실히 알아야 하고, 대충 읽지 말고 철저히 읽어야 하며, 한 번이 아니라 열 번 스무 번 읽어야 해. 시간이 부족하다거나 시간 낭비라 이야기해서는 안 돼. 백 명의 이웃 아주머니보다 한 분 엄마가 도움이 되는 것처럼 대충 100개를 아는 것보다 정확하게 하나를 아는 것이 중요하니까. 그림, 사진, 도표까지 꼼꼼히 살펴야 하지. 이렇게 공부하면 기대 이상의 성적은 확실하단다. 교과서로 충분해. 엄마 한 사람이면 충분한 것처럼 교과서 한 권이면 정말 충분해. 물론 교과서 한 권을 완벽하게 공부하는 일, 절대 쉬운 일은 아니지.

모든 공부의 시작은 단어나 용어에 대한 정확한 이해야. 공부하다가 만나는 모르거나 헷갈리는 단어나 숙어, 속담이나 사자성어의 의미를 사전을 찾아 정확히 알아야 해. 모르는 어휘를 만났을 때 그때그때 알아가는 것도 괜찮지만, 영어 단어 공부하듯 어휘 공부만 따로 공부하는 방법도 있어. 영어 실력의 반절은 단어, 숙어 실력인 것을 인정한다면 우리말 단어, 숙어의 중요성도 알아야 하지 않을까? 국어, 사회, 과학은 물론이고 영어, 수학을 잘하기 위해서도.

042

2학기 중간고사 보기 전부터 공부 의욕이 사라져 놀고 있습니다.
어른들은 공부는 학생일 때만 할 수 있다고 하는데, 지금 공부
하지 않으면 큰일 나는 건가요?

공부 의욕이 강해져야 하는데 오히려 사라진다니 안타깝군. 의
욕이 새로 생기는 날이 빨리 오길 응원할게. 공부는 학생 때만 할
수 있는 건 아니야. 공부 안 한다고 큰일 나는 것도 아니지. 평생교
육 시대라고 하잖아.

하지만 늦게 시작하는 것보다 빨리 시작하는 게 현명한 일인
건 분명해. 학창시절에 열심히 공부해야 하는 것은 분명한 사실이
지. 달리기에서 남들 모두 앞서가는데 뒤에서 쫓아가는 일이 쉽진
않잖아. 지금 하면 100의 힘만 써도 되는데 나중에 할 때는 200
의 힘을 써야 한다면 지금 하는 게 이익이잖아. 나중에 해도 된다
는 안이한 생각으로 지금 놀고 나중에 따라가려 하는 것은 바보들
의 못난 짓인 게 확실해.

043

공부하는 법 알려주세요.
공부 시작하기가 힘들어요.

책상 앞에 앉아 책을 읽으면 돼. 한두 번으로는 부족하니 읽고 또 읽고 30번 정도 읽어야 하겠지. 생각하고 또 생각하면서 읽어야 하고, 이해되지 않은 내용은 이해하려 노력하면서 읽어야 하지. 책을 덮은 다음에 읽은 내용을 백지에 써보면 돼. 친구에게 설명해주는 것도 괜찮지. 완벽에 가깝게 쓸 수 없거나 설명할 수 없다면 제대로 공부했다고 할 수 없어.

공부의 시작은 책상 앞에 앉아 있는 습관을 들이는 거야. 공부가 싫다면 공부 대신 재미있는 소설이나 만화를 읽어도 괜찮지. 축구선수가 되고자 하면 먼저 체력을 길러야 하는 것처럼 공부를 잘하려면 책상 앞에 앉아 있는 능력부터 길러야 해. 자리에 앉아 있는 습관이 들었다면 천천히 국어책, 영어책, 수학책을 소설책, 만화책 읽듯 읽어보는 거야. 이해되지 않는다는 이유로 선생님을 찾으면 안 돼. 스스로 해결하려 노력해야 해. 자습서를 읽어도 좋고 국어사전이나 인터넷의 도움을 받아도 돼. 혼자서 오랜 시간 낑낑댔어도 모르겠다면 선생님이 아니라 친구에게 묻는 게 좋아. 선생님보다 친구가 네 눈높이에서 훨씬 쉽게 알려줄 수 있을 것이기 때문이야. 친구에게 묻는 것을 미안해할 필요 없어. 왜냐고? 친구도 너에게 설명하면서 실력을 키우기 때문이지. 상호이익(win win)인 거야. 친구와 해결하지 못했다면 그때 선생님께 물어보는 거야. 이렇게 하다 보면 어느새 공부 잘하는 학생으로 변해 있는 자신을 발견할 수 있게 될 거야.

044

공부할 때 집중을 못하는데,
집중을 잘하려면 어떻게 해야 하나요?

할머니들은 축구나 농구를 볼 때 집중을 잘하실까 못하실까? 못하시지. 집중을 왜 못하실까? 재미없기 때문이지. 재미없는 이유는 모르기 때문이고. 알면 재미있고 재미있으면 집중할 수 있지만, 모르면 재미없고 재미없으면 집중을 못하는 거야.

선생님이 생각하는 집중하기 가장 좋은 방법은 예습이야. 예습하면 조금은 알잖아. 아는 내용은 아니까 재미있어 집중하고, 긴가민가한 것은 확실하게 알고 싶어서 집중하며, 알 수 없었던 것은 선생님은 어떻게 설명하시는지 궁금하여 집중하게 돼. 예습은 힘들고 재미없다고? 맞아. 인정해. 그런데 힘든 만큼 효과가 크다는 사실까지 알면 좋겠어. 아픈 만큼 성숙해진다는 노랫말이 있어. 예습은 힘든 만큼 실력이 향상되는 거라고 말해주고 싶어.

045

공부하다 주의가 산만해지거나 집중이 안 될 때가 많습니다. 흐트러지지 않고 집중하는 방법이나 딴생각을 하지 않는 방법을 알고 싶습니다.

'셀프 테스트'를 추천해주고 싶구나. 시험을 치를 때는 긴장되고 집중하게 되는 걸 여러 번 경험했을 거야. '셀프 테스트'는 긴장은 없고 집중만 하게 만드는 아주 좋은 방법이란다. 공부한 내용을 백지에 한번 써보는 거야. 한 글자도 틀리지 않고 베껴 쓰라는 이야기는 아니고 핵심 내용을 쓰라는 이야기지. 쓰다가 막히면 다시 읽은 다음에 또 쓰고, 다시 읽은 다음에 또 쓰면 돼. 강의 들을 때는 집중력이 떨어지는 학생도 '셀프 테스트'를 하게 되면 집중도 잘되고 딴생각도 하지 않게 된단다.

자기주도학습을 한다면
어떤 식으로 계획을 세우고 공부를 해야 하나요?

오늘은 몇 단원을 끝내겠다, 오늘은 몇 쪽까지 공부하겠다는 계획을 세우는 학생이 많은데 그것은 바람직하지 못한 방법이야. 시간에 쫓겨서 대충 공부할 수 있기 때문이고 계획량을 늦게 끝내서 늦게 잠자리에 들 경우가 있기 때문이지. 계획량을 일찍 끝내면 시간을 허비할 수 있기 때문이기도 해.

실력을 결정하는 가장 큰 요인은 공부량이야. 지나치게 많은 시간 공부하는 것도 바람직하지 않지만 적은 공부 시간으로는 절대 실력을 키울 수 없어. 하루하루 정한 시간만큼 공부해야 하지. 힘들고 몸이 좋지 않아도 학교에 가는 것처럼 가능한 정해놓은 공부 시간을 어겨서는 안 되는 거야.

열 개를 대충 아는 것보다 하나를 완벽하게 아는 것이 좋아. 열 분의 이모나 고모보다 한 분의 엄마가 나은 것과 같은 이치지. 어설프게 다섯 개를 알면 풀 수 없지만 하나를 정확히 알면 풀 수 있는 문제가 있잖아. 얼마만큼의 양을 공부했느냐도 중요하지만 철저하게 아는 것에도 신경 써야 한다는 이야기야.

047

잠도 자고 싶고 영어 공부도 더 열심히 하고 싶은데 너무 어렵고 힘듭니다. 어떻게 해야 하나요?

종소리를 더 멀리 보내고 싶다면 종이 더 아파야 한다는 이야기가 있어. 좀 더 아프면 안 될까? 행복하기 위해서는 포기하는 법을 배워야 한다고도 했어. 지금 즐거운 일을 포기하면 안 될까? 당신이 내일로 미루는 동안 인생은 화살처럼 날아간다고도 했어. 미루지 말고 지금 바로 시작하면 안 될까? 너의 유일한 경쟁자는 너이고 너를 이기는 순간 모두를 이기는 것이야. 어제까지의 너를 경쟁자로 삼으면 안 될까?

하루 스마트폰 만지는 시간이 얼마쯤 되느냐는 질문에 거의 모든 학생이 3시간, 4시간을 얘기하더라. 스마트폰만 해지해도 잠 충분히 자고, 영어 공부도 열심히 하고, 성적을 엄청나게 올릴 수 있는데. 스마트폰 해지할 용기가 없다고? 세상에서 가장 아름다운 춤은 '멈춤'이라 했어. 스마트폰과 게임을 멈출 수 있으면 좋은데. 멈추면 상상 이상의 것을 얻을 수 있어. 깊은 성찰과 깨달음까지.

048

공부가 우선인데 취미로 운동을 하고 있습니다.
운동한 다음에 공부하려고 하면 피곤합니다.
운동을 포기해야 할까요?

공부를 위해 운동을 포기하겠다는 생각은 잘못된 판단이야.
공부를 잘하기 위해서도 운동은 필요하거든. 신체 활력이 뇌 활력
에 도움을 주기 때문에 운동은 하는 게 좋아. 운동을 심하게 하거
나 오랜 시간 하면 공부에 방해가 될 수 있지만 적당한 강도로 하
루 40분 정도 운동은 오히려 공부에 도움이 돼.

운동하고 공부를 하려면 피곤하다고? 처음엔 그럴 수 있어. 하
지만 피곤할지라도 아랑곳하지 말고 운동 후에도 계속 공부하다
보면 피곤이 몰려오는 게 아니라 뇌의 맑음이 찾아올 거야. 공부
를 잘하기 위해서라도 운동은 계속하는 것이 좋아. 내일 시험을 치
를지라도 오늘 운동하는 것을 포기하지 않으면 좋겠어. 시간은 조
금 소비될지라도 공부 효율은 높아지니까. 게임 안 하고 스마트폰
만지지 않으면 공부할 수 있는 시간은 충분하니까.

049

모의고사 공부를 못하겠어요.
모의고사 푸는 것도,
내신 점수 잘 받는 방법도 알려주세요.

2023년 수능이 치러지는 날에 수능 출제위원장은 이렇게 말했어. "교육과정의 내용과 수준을 충실히 반영하고 대학 교육에 필요한 수학능력을 측정할 수 있도록 출제했다. 고등학교 교육의 정상화에 도움이 되도록 교육과정의 핵심적이고 기본적인 내용을 중심으로 출제했다"라고.

물론 수능시험과 학교 시험의 문제 형태는 달라. 하지만 실력이 있다면 수능시험이든 학교 시험이든 다 잘 치러낼 수 있어. 운전 실력이 있다면 고속도로에서든 시골길에서든 서울 도심에서든 운전을 잘할 수 있는 것과 같은 이치지. 실제로 열에 아홉은 모의고사 성적과 학교 시험 성적의 등급이 거의 비슷해. 열에 한 명 정도 차이가 있지만.

학교 교육 과정에 충실하면 내신도 모의고사도 수능시험도 잘

볼 수 있어. 굳이 차이를 이야기하자면 학교 시험은 생각하는 능력이 조금 필요하지만, 수능시험이나 모의고사는 생각하는 능력이 많이 필요하다는 것이라 할 수 있지.

050

자습서나 문제집 없이 교과서로만
내신 준비를 완벽하게 할 수 있나요?

학교 시험의 출제자는 수업시간에 교과서를 가르치신 선생님이야. 수업시간에 선생님이 무엇을 가르쳤느냐, 어떤 내용을 강조하였느냐를 생각해낼 수 있다면 좋은 점수를 받는 일이 어렵지 않다는 이야기야.

교과서를 완벽하게 공부하지 않고 문제만 푸는 공부법은 준비운동은 하지 않고 공만 차려는 것과 같은 모자란 행동이고, 봄에 씨 뿌리지 않고 가을에 거두기만 하려는 어리석음이야. 문제집 푸는 일이 잘못이라는 이야기가 아니라 교과서는 대충 훑어보고 문제만 풀려고 하는 일이 잘못이라는 이야기야. 교과서만으로 충분해. 교과서를 완전하게 공부한 후 문제집의 문제를 풀어 자신의 실력을 확인하는 것은 괜찮지만, 교과서는 공부하지도 않고 문제 풀이에만 시간을 투자하는 것은 잘못된 방법인 것이 분명해.

PART 2

사교육,
정말 안 해도
괜찮나요?

051

기초가 부족하면
학원 다녀야 하는 것 아닌가요?

학원에 가서 배우면 기초가 잡힐까? 학원에서 아무리 훌륭한 강의를 들을지라도 자신이 공부하지 않으면 절대 기초가 잡히지 않아. 학교에서 선생님에게 배웠지만, 기초가 잡히지 않은 것과 같지. 학교 선생님이 가르쳤을 때 기초가 잡히지 않았다면 학원 선생님이 가르쳐도 기초는 잡히지 않는다는 사실을 알아야 해. 기초는 책으로 스스로 쌓을 수 있어. 학생 본인이 알아내겠다는 의지가 있어야 쌓을 수 있는 거지 잘 가르치는 선생님에게 배운다고 쌓을 수 있는 게 아니야. 말을 물가에 끌고 가는 것이 중요한 게 아니라 물을 먹이는 것이 중요한 것처럼 학원에 가는 일이 중요한 게 아니라 지식을 쌓는 일이 중요한 거야.

학원에 간다고 기초를 쌓을 수 있는 것도 아니지만 설령 기초를 쌓을 수 있다고 해도 학원에 가는 것은 잘못이야. 학원에서 기초 쌓는 동안 학교에서 기다려주지 않잖아. 학교 진도는 계속 나가는데 그러면 그 내용은 언제 공부할 거야. 학교 수업시간에 공부 못하는 손해는 언제 어떻게 메꿀 거냐고? 대학입시가 끝날 때까지 학교 수업시간에 공부 못하는 손해를 생각해야 한다는 이야기야. 학교 수업시간에 공부 못하고 넋 놓은 채 앉아 있어야 하는 아픔을 생각해야 하는 거야.

그럼, 어떻게 해야 하냐고? 수업시간에 선생님과 함께 호흡하면 돼. 기초가 없어도 예습을 하고 또 알아내겠다는 의지를 가지면 충분히 선생님과 호흡을 함께할 수 있어. 조금 힘들고 더딜 수는 있지만 가능해. 예습하고 수업에 충실한 후 복습하고 또 복습하면 기초 없어도 충분히 수업시간에 공부할 수 있다는 사실을 믿어주면 좋겠어.

052

혼자서 할 수 없다면
학원 다녀야 하는 것 아닌가요?

집에서 새는 바가지 밖에서도 샌다고 했어. 혼자서 할 수 없다면 학원 다녀도 할 수 없다는 사실을 알아야 해. 그리고 학교에 선생님도 계시고 친구들도 있잖아? 학교에서 선생님이 가르쳐주고 친구들이 도와주는 것으로 부족하지 않아. 학교 선생님의 가르침은 도움 되지 못하고 학원 선생님들의 가르침은 도움이 된다는 생각은 절대 옳지 않아. 혼자서 할 수 없는 아이는 누군가가 도와주어도 할 수 없어. 또 배우는 시간보다 익히는 시간이 많아야 공부 잘할 수 있는데 학원 다니게 되면 익히는 시간이 적어진다는 사실도 알아야 해.

혼자서 할 수 없다는 생각을 버려야 해. 혼자서도 충분히 할 수 있어. 공부에서 가장 위험하고도 잘못된 생각은 배우면 알 수 있고 배우지 않으면 알 수 없다는 생각이야. 배운 것 다 아니? 배우지 못해서 모르니? 그렇지 않다는 것 여러 번 확인했잖아. 배워서 알게 되는 것이라면 같은 교실에서 같은 선생님에게 같은 내용을 배웠는데 점수가 왜 제각각 다를까? 100점도 있고 90점도 있고 80점도 있잖아. 심지어 20점도 있고 30점도 있지. 배우고 배우지 않고는 실력과 아무런 상관관계가 없다는 증거잖아.

혼자서 할 수 없는 게 문제가 아니라 혼자서 열심히 하지 않는 것이 문제야. 혼자서 충분히 할 수 있고 혼자서 하면 성적은 반드시 올라가게 되어 있어. 힘든 일을 만났을 때 슬퍼하지 말고 기뻐해야 해. 힘들게 얻은 것일수록 온전히 자기 것이 되기 때문이지. 성공을 결정하는 것은 견디는 힘이기 때문이기도 해.

053

지난 일요일, 6개월 다니던 학원을 그만두었습니다. 원래 다니던 학원은 관리형 학원으로 평일에는 학교 끝나고 주말에는 아침부터 저녁까지 학원에서 관리받으며 공부했습니다. 하지만 학원 시스템이 부실하였고 학원에서 노는 경우가 많았으며 저 자신도 게을러져서 150만 원이라는 돈이 아까웠습니다. 무엇보다 저의 개인 시간이 사라지는 게 너무 아까웠습니다. 그래서 결국 자습하기로 하였습니다. 그러나 막상 공부하려고 하니까 어떻게 공부해야 할지 고민되고 학원 없이도 공부를 잘할 수 있을까 고민이 되었습니다. 1학기 때는 그래도 성적이 잘 나왔는데 자습을 통해 그 성적을 유지할지 고민입니다.

교육의 궁극적 목적은 스스로 할 수 있는 능력을 기르는 일이야. 자전거를 배우는 것도 스스로 길을 가기 위함이고 피아노를 배우는 것도 스스로 연주하기 위함이지. 영어를 배우는 이유도 스스로 영어로 된 글을 읽고 이해하고 표현하기 위해서고 스스로 외국인과 대화하기 위해서야.

스스로 하는 게 좋아. 어설프고 능률이 떨어질지라도 자신의 힘으로 해결하려 노력해야 해. 스스로 생각하고 판단하고 선택하고 행동하는 능력보다 더 중요한 능력은 없어. 관리는 유치원에서 받는 것으로 충분하고 도움 역시 학교에서 받는 것으로 충분해. 혼자서도 할 수 있기 때문이고 혼자 해야 능력을 키울 수 있기 때문이야. 혼자 해야 더 빨리 더 크게 성장할 수 있기 때문이기도 해.

스스로 해야 성취감을 느낄 수 있고 만족감도 맛볼 수 있어. 남이 그려준 그림으로 그림대회에서 상을 받거나 남이 써준 글로 글짓기 대회에서 상을 받은들 무슨 기쁨이 있겠니? 내 실력으로 상을 받았을 때 기쁨이 솟구치는 법이고 내가 땀 흘려서 번 돈이라야 가치가 있고 소중한 법이야. 혼자 해야 더 재미있는 법이고 재미있으니까 더 잘하게 되는 거야.

처음에는 어려울 수 있어. 계획대로 되지 않고 자기 자신에게 실망할 수도 있지. 그래도 자기 힘으로 해야 해. 자신을 믿고 최선을 다한 후에 기다려야 하는 거야. 안 된다면서, 어렵다면서, 힘들다면서 포기해버리면 안 돼. 설령 성적이 이전만큼 나오지 않을지라도 실망할 필요는 없어. 다시 학원으로 돌아가서도 안 되지. 적응 기간이 필요하기 때문이야. 새로운 환경, 새로운 시스템에 익숙해져서 좋은 결과를 만들기까지는 시간이 필요하기 때문이야.

학원비가 아깝다고? 현명한 생각이야. 지극히 정상적이고 지혜로운 생각이지. 당연히 아까워야 할 학원비지. 자신의 학원비가 얼마인지 관심조차 가지지 않고 아까워하지 않는 학생들이 많은 요즘인데 우리 현실에서 학원비를 아까워한다니 철이 들었다고 칭찬해주고 싶구나. 효과가 있어도 아까운데 효과도 없는데 아까워하지 않으면 안 되는 거지.

멋진 결정에 박수를 보낸다. 조금도 두려워할 필요 없어. 그동안 학원에 머물렀던 시간만큼만 책상 앞에 앉아 혼자서 공부하기만 하면 돼. 학습량이 줄지 않는다면 너는 반드시 실력자가 될 테니까.

054

공부 잘하는 아이들은
모두 학원에 다니잖아요?

누가 그런 소리를 해. 가짜 뉴스야. 네가 아는 게 전부 아니야. 절대 그렇지 않아. 선생님의 제자 중, 그러니까 너희들의 선배 중 공부 잘하는 학생들 100명 중 98명은 학원 다니지 않았어. 학원 다녀서 실패한 학생은 많이 보았지만, 학원 다니지 않고 혼자 공부해서 실패한 학생은 한 명도 보지 못했어. 2023학년도 수능 만점자의 인터뷰 들어보았니? 학원에 다니지 않았다고 했어. 그 학생을 지도했던 학교 선생님은 이렇게 이야기했어. "OO이는 공부하는 시간을 잘 확보했던 학생이었다"라고. 올해 만점자만 사교육 받지 않은 게 아니야. 예전에도 좋은 성적 거둔 아이 대부분은 학원 다니지 않았어. "사교육 받지 않고도 명문대 수석 합격"이라는 신문 기사의 표제 보았잖아. 하지만 선생님은 이 제목에 불만 있단다. "사교육을 받지 않았기 때문에 명문대 수석 합격"으로 바뀌어야 옳다고 생각하기 때문이지.

하나만 알고 둘은 모른다는 말, 들어본 적 있지? 공부 잘하는 학생 중에 학원 다니는 아이도 있지만, 공부 잘하는 학생 중에 학원 다니지 않는 아이들이 더 많아. 학원 다니지 않고 공부 잘하는 아이들은 보지 않고 학원 다니면서 공부 잘하는 아이들만 보면 안 되지. 그리고 학원 다니면서 공부 잘하는 아이들은 학원에 다니지 않았어도 공부 잘할 아이들이야. 아니, 학원 다니지 않았다면 공부 더 잘했을 아이들이지.

만약 학원 공부가 효과가 있다는 것을 증명하려면 그 학원에 다니는 아이들 모두 성적이 좋아야 해. 그런데 그렇지 못하잖아. 같은 학원에서 같은 선생님에게 같은 내용의 강의를 들었는데도 누구는 공부를 잘하고 누구는 공부를 못하잖아. 학원이 성적을 올려 주는 것이 아니라는 증거야. 그리고 이것도 알아야 해. 학원 다니면서 공부 잘하는 아이 중에 스스로 공부하는 시간을 가지지 않은 학생은 없다는 사실을. 그러니까 성적은 학원 선생님의 강의가 올려준 게 아니라 스스로 공부한 노력이 올려준 거야.

그래도 강의 듣는 것이 도움 되었다고? 그럴 수 있지. 그런데 이익보다 손해가 더 크다는 사실을 알아야 해. 손해가 무엇이냐고? 자기 공부할 시간이 줄어든다는 것이 손해지. 강의 들은 이익이 10이라면 자기 공부 못하는 손해는 90인 거야. 강의 들을 그 시간에 혼자 공부하였더라면 그 이상의 성적을 냈을 것이기 때문이지.

그렇다면 학교 수업도 효과가 없냐고? 그래. 학교 수업도 스스로 학습하는 것보다 효과가 작지. 그러면 학교 다닐 이유가 없는 것이냐고? 그렇지는 않아. 익히는 시간이 필요하지만 배우는 시간도 필요하기 때문이야. 사교육을 해서는 안 되는 이유는 배움은 학교 공부로 충분하기 때문이야. 배움 자체가 나쁜 게 아니라 배움이 너무 많은 게 나쁘다는 이야기야. 그러니까 학교에 다니지 않는다면 학원에 다녀도 좋고 인터넷 강의 들어도 좋은 거지. 공부 잘하려면 배우기도 해야 하고 익히기도 해야 하는데 익히는 시간이 훨씬 많아야 한다는 것이야. 배움은 학교로 충분하니까 학교 수업이 끝나면 이제 익혀야 한다는 이야기지. 사교육 자체가 나쁜 게 아니라 익힘의 시간을 빼앗기는 것이 나쁘다는 이야기인 것 이제 알겠지?

　학교는 공부만 하는 곳이 아니야. 친구와 더불어 행복을 만들고 사회성을 기르는 장소이기도 해. 인간을 이해하는 장소고 사회생활을 준비하는 장소이기도 하지.

055

수학만큼은
학원 다녀야 하는 것 아닌가요?

학원 다니지 말고 혼자 공부하라는 말에 가장 많이 돌아오는 대답은 수학만큼은 학원에 다녀야 한다는 이야기야. 하지만 선생님은 수학은 더더욱 학원 다녀서는 안 된다고 이야기해주고 싶어. 수학이 어렵다는 것 알아. 학생들이 수학 학원을 많이 다니는 것도 이해하지. 그런데 이상하지 않냐? 수학을 그렇게 열심히 하고 수학을 위해 바치는 돈과 에너지가 그렇게 많은데 고2, 고3 중에 수학을 포기하는 학생이 그렇게 많다는 사실이. 이것은 학원에 다녀도 효과가 없다는 근거야. 어려운 것은 사실이지만 학원에 다닌다 해서 쉬워지거나 실력이 늘지는 않는다는 것도 사실인 거야. 그러면 어떻게 해야 하냐고? 답은 분명해. 혼자서 공부해야 한다는 것. 어렵지만 혼자서 끙끙대야 실력 쌓기가 가능하다는 것. 너희들의 선배 중에 혼자서 끙끙댔기 때문에 수학을 잘하게 된 아이들이 정말 많았단다.

선생님은 학생들과 등산을 많이 했어. 등산을 좋아해서가 아니라 학생들에게 하면 된다는 진실을 알려주고 싶었기 때문이야. 졸업여행 때 반 아이들과 지리산 천왕봉을 올라가기도 했어. 절대 올라갈 수 없다고 하던 아이들도 자신의 힘으로 정상을 정복하더라고. 수학 공부도 마찬가지야. 넘어지고 깨지는 걸 두려워하지 않으면 자신의 힘으로 수학 실력을 키울 수 있어.

수학이 아무리 어려운 과목이라 해도 전체 공부 시간의 4분의 1을 넘으면 안 돼. 국어 영어 탐구 과목도 공부해야 하기 때문이야. 다른 과목 모두 1등급을 받을 자신이 있다고 해도 수학에 너무 많은 시간을 투자하면 안 돼. 그렇게 되면 다른 과목 점수가 내려갈 수밖에 없기 때문이지. 다른 과목 성적이 1, 2등급이 아니라면 더더욱 수학에만 많은 시간 쏟으면 안 되는 거야.

056

인터넷 강의는 듣고 싶은 것만 들을 수 있고
부족한 부분만 들을 수 있으니까
필요하고도 좋은 것 아닌가요?

왜 이러는 걸까? 왜 배워야 알 수 있다고 생각하는 걸까? 책이 가장 좋은 스승이 된다는 사실을 왜 모르는 걸까? 텔레비전을 바보상자라 이름 붙인 이유를 정말 모른단 말인가? 텔레비전은 왜 사람을 바보로 만들까? 생각할 기회를 빼앗기 때문이야. 텔레비전은 생각할 시간을 주지 않고 상당히 빠른 속도로 자기 말만 하잖아. 알아들었는지 알아듣지 못했는지 확인하지도 않지. 뇌에 저장하려면 시간이 필요한데 시간을 주지 않아. 판단하려면 시간이 필요한데 시간을 주지 않아. 텔레비전을 보긴 보았는데 기억에 남는 게 별로 없는 이유야. 생각하면서 듣고 천천히 듣고 반복해서 듣고 시간적 여유를 가져야 뇌에 저장할 수 있는데 빨리 듣고 한 번만 들으니 뇌에 저장되는 것이 거의 없는 거야.

인터넷 강의를 듣는 것은 텔레비전을 보는 것과 똑같아. 공부를 잘하기 위해서는 잘 생각해야 하고 많이 생각해야 하는데 인터넷 강의는 생각할 시간을 주지 않아. 학생들은 유창한 강사의 말에 감탄하여 공부한 것으로 착각하게 되지. 가수가 노래할 때 손뼉 치면서 감탄하는 것처럼 강사의 강의를 들으면서 감탄만 하고 있어. 가수의 노래를 잘 들으면 자신도 그만큼 노래할 수 있을까? 절대 불가능해. 엄청난 연습을 해야만 흉내라도 낼 수 있지. 텔레비전 토론 프로그램을 100분 동안 보았어. 텔레비전을 끈 다음에 그 내용에 대해 몇 분 동안 이야기할 수 있을까? 3분도 어려울 거야. 들었다고 아는 게 아닌 거야.

책이야. 책보다 좋은 스승은 없어. 시험에 나오는 문제 중 책에 나오지 않는 내용은 없어. 선생님들도 책을 가지고 실력을 쌓았고 책으로 연구하여 가르치지. 책은 생각하며 읽을 수 있고 천천히 읽을 수 있으며 반복해서 읽을 수 있어. 책이어야만 실력을 쌓을 수 있다는 이야기야. 그리고 인터넷 강의를 듣는 도구인 컴퓨터에는 우리를 유혹하는 것들이 무궁무진 들어 있어. 휴식을 핑계로, '잠깐'이라고 변명하며 유혹에 빠져들기 쉽지. 인터넷 강의, 아예 쳐다보지 않는 게 현명함이야.

057

방학 때 기숙학원에
가는 것은 어떻게 생각하세요?

기숙학원이 어떤 시스템인지는 알고 있니? 온종일 공부만 하는 시스템으로 알고 있다고? 그러니까 실력 엄청나게 좋아지는 건 당연하지 않냐고? 부모님도 학생도 공부하는 시간이 많으니 좋은 결과가 있으리라 기대하지만 실상 그렇지 못하더구나. 선생님은 너희들의 선배들을 통해 많이 확인하였어. 선생님도 처음에는 왜 실력이 향상되지 못할까에 대해 의문을 품었는데 어느 날 인터넷에 나와 있는 어느 기숙학원의 하루 일과표를 보고서 성적이 좋지 않게 나오는 게 당연하다는 생각을 했어. 글쎄 하루에 수업을 적게는 8시간 많게는 10시간을 하더구나. 자율학습은 적게는 1시간 30분, 많아도 3시간 30분이더라고. 이렇게 하니까 성적이 오르지 않지. 잠은 빨라야 밤 12에 자서 아침 6시 30분에 일어나고, 일요일에도 수업을 듣거나 자율학습을 하도록 해. 성적을 올리겠다는 것인지 떨어뜨리겠다는 것인지 이해할 수 없었어. 이것은 인내심 훈련

프로그램이지 성적 향상에 도움이 되는 프로그램은 절대 아니야. 물론 그동안 공부를 전혀 하지 않았던 아이들에게 이 프로그램이 효과 있을 수 있어. 그러나 보통의 아이들에게는 효과가 없는 프로그램인 게 분명해.

공부 시간이 너무 많다는 게 문제야. 체육 시간도 음악, 미술 시간도 없고 동아리 시간도 자치 시간도 없이 오직 힘들고 재미없는 입시 과목만 공부하잖아. 그것도 많게는 하루 10시간, 그리고 토요일 일요일까지. 지나치면 미치지 못한 것만 못하다는 평범한 진리를 알지 못하는 것 같아. 많이 심는다고 많이 거두는 것이 아니라는 사실도 모르는 것 같아. 비료를 많이 주면 곡식이 시들어 죽어버린다는 사실도 모르는 것 같아. 과공비례(過恭非禮)라는 말이 있어. 지나친 공손함은 예의가 아니라는 이야기지. 지나친 친절은 오히려 불편함을 넘어 짜증까지 주는 것처럼 지나치게 많이 배우면 아는 것이 거의 없다는 사실을 알아야 해.

강의 시간만 많고 자율학습 시간은 적다는 것이 문제야. 공부는 배우고 익히는 일이고 배움보다는 익힘이 더 많아야 하는데, 익힘은 적고 배움만 많으니 실력 향상이 되지 않는 건 너무 당연해. 성적을 올리고 싶다면 강의 듣는 시간을 최소화하고 혼자 익히는 시간을 많이 가져야 하거든. 방학 때는 아예 강의를 한 시간도 듣지 않으면 좋겠어. 방학의 뜻이 무엇인지 알지? '놓을 방(放)'에 '배울 학(學)'으로 배움을 놓는다는 뜻이야. 공부하지 말라는 뜻이 아니라 공부는 하되 배우지는 말라는 뜻. 책을 읽고 여러 가지 경험을 하고 연구를 하며 혼자서 공부하라는 이야기인 거야.

방학 때 가장 많이 해야 하는 일은 국어, 영어, 수학 공부가 아니라 독서야. 독서에 사색과 체험이 더해지면 더 좋지. 수학능력시험을 잘 본 학생들은 모두 독서를 게을리하지 않았다는 이야기 들어본 적 있지? 대학수학능력시험을 잘 치른 학생 대부분은 고3 때도 짬짬이 책을 읽었다는 사실을 알아주면 좋겠어. 독서를 통해 얻은 지식과 독해력이 수능 공부는 물론 대학 공부에도 도움이 된다는 사실을 인정하면 더 좋고.

방학 때 기숙학원 갔다 와서 성적이 좋아진 아이를 선생님은 보지 못했어. 재수하러 기숙학원에 간 아이들의 성적도 좋지 않았지. 성공한 아이들도 있을 터인데 그런 아이들은 기숙학원 가기 전에는 공부를 거의 하지 않다가 기숙학원에 가서 열심히 공부했기 때문 아닐까? 100명의 아이 중 10명 정도의 성적이 올랐다고, 기숙학원이 성적을 올려준다고 이야기하면 안 되지. 성공한 아이들만 이야기하고 실패한 아이들은 숨겨버려서는 안 되는 거잖아. 일부의 성공을 전체의 성공으로 이야기해서도 안 되는 것이고.

058

선생님께서는 사교육은 절대 해서는 안 된다고 말씀하시는데 서울 강남, 서초 아이들은 사교육을 많이 받고 그래서 명문대에 많이 가는 것에 대해 어떻게 생각하십니까?

　서울 강남의 아이들이 사교육을 많이 받는 것은 사실이지만 명문대에 많이 합격한다는 것은 사실이 아니야. 명문대 합격 인원은 전체 학생의 5퍼센트 정도거든. 실패한 95퍼센트에 대해서는 아무 말 않고 성공한 5퍼센트만 이야기하는 것은 잘못이야. 또 5퍼센트 학생의 합격 원인도 사교육 때문이라고 이야기할 수는 없어. 선생님은 그 5퍼센트 학생도 사교육 받지 않고 자기주도학습을 하였다면 더 좋은 결과를 만들었으리라 생각한단다.

　고3 진학률이 가장 낮은 지역이 강남이라는 것은 알고 있니? 강남의 학생들은 재수 3수 4수를 많이 한다는 이야기야. 1년 2년 3년을 더 공부했으니 성적이 잘 나오는 게 당연하지. 재수생 3수생 4수생의 성적이 올라간 것을 사교육 때문이라고 할 수 없잖아. 시간과 노력을 투자하였기 때문이라고 보아야 옳지. 사교육 받지 않았더라면 더 일찍 더 좋은 성적 냈을 게 분명하다고 생각해야 옳지.

공부 잘하는 아이들이 서울로 모이고 서울에서 공부 잘하는 아이들이 강남으로 모인다는 것은 알고 있을 거야. 사교육 때문에 강남 학생들의 성적이 좋은 게 아니라 원래 공부 잘하는 아이들이 강남으로 모여들었기 때문에 강남 학생들의 성적이 좋다는 사실을 알아야 해. 특목고와 자사고의 성적이 좋은 이유가 특목고 자사고 선생님들이 잘 가르쳐서가 아니라 우수한 학생들이 모였기 때문인 것처럼.

DNA도 무시할 수 없는 요소야. 서울 강남에는 고소득자들이 많은데, 그들 중 대다수는 고학력자나 두뇌 활동을 많이 하는 직업을 가진 사람들이야. 그 사람들의 DNA가 자녀들에게 이어졌으리라는 것은 합리적 추론 아닐까? 운동선수의 자녀들이 운동 잘하고 가수의 자녀가 노래 잘하는 것처럼. 공부에 재능 있는 사람들의 자녀들이기에 공부 잘하는 DNA를 물려받아서 조금 나은 성적을 거둘 수 있다고 생각해야 옳은 거야.

이 모든 것을 고려하면 강남 아이들의 성적이 더 좋아야 정상인데 왜 조금만 좋을까? 매우 좋아야 정상인데 조금만 좋은 것이 이상하다는 이야기야. 원인은 사교육이지. 사교육이 성적을 올려주는 게 아니라 오히려 떨어뜨렸다고 보아야 해.

059

개천에서 용 나는 시대는 끝났다는 이야기 있잖아요? 대부분 사람은 이 말이 옳다고 이야기하는데 선생님은 왜 이 말이 틀렸다고 말씀하시는 거예요?

'개천에서 용 난다'라는 말의 뜻부터 알아보자. 개천은 물이 조금씩 흐르는 작은 내야. 작은 물줄기가 흐르는 강(江)보다 더 작은 규모를 말하지. 용은 뱀보다 훨씬 큰 상상의 동물로 권력이나 부(富)나 명예를 상징하고. 그러니까 개천에서 용 난다는 말은 변변치 못한 집안이나 환경에서 훌륭한 인재가 나왔다는 이야기야. 좋지 못한 환경이나 조건을 극복하고 높은 위치에 오르거나 위대한 업적을 이루었을 때 '개천에서 용 난다'라고 하는 거지.

조선 시대와 오늘을 비교해보도록 하자. 조선 시대는 양반, 상민, 천민으로 구분된 사회였고 상민과 천민으로 태어나면 제아무리 능력이 뛰어날지라도 관직에 나아갈 수 없었고 자기의 재능을 펼칠 수 없었어. 99퍼센트가 기회조자 인지 못했지. 양반에게만 과거 시험에 응시할 기회가 주어졌으니까. 해방 후부터 1970년대가지도 가난한 사람에게 공부는 사치였어. 양반과 상민의 차이는 없어졌지만 돈 없으면 공부할 기회를 얻지 못하였으니까. 선생님의 선배나 친구 중에 영리하다고 인정받았으면서도 중학교에 다닐 돈이 없어서 중학교 진학을 포기한 사람들이 적지 않았단다. 공부할 기회조차 얻지 못한 거지. 그런데 지금은 어떠니? 지금은 누구에게나 공부할 기회가 주어지는 세상이야. 개천에서 용 나기 쉬운 세상인 거지.

개천에서 용 나기 어렵다고 말하는 건 사교육을 받아야 공부 잘할 수 있다는 잘못된 생각 때문인 것 같아. 부잣집 아이들은 사교육을 많이 받을 수 있으니 쉽게 성적을 올릴 수 있지만 가난한 집 아이들은 사교육을 받을 수 없기에 성적을 올릴 수 없다는 생각인데 이것은 사실에 맞지 않은 엉터리 생각이야. 사교육은 어떤 경우에도 절대로 성적을 올려주지 못하기 때문이지. 선생님 제자 중에 가난했지만 성공한 제자들 엄청 많아. 아니, 성공한 아이들 대부분은 가난한 집의 학생들이었어.

사교육이 성적을 올려주지 못한다는 증거를 보여줄까? 포털사이트에 '대학수학능력시험 시도별 평균 점수'라고 입력해봐. 우리나라에는 17개 시·도가 있다는 것 알고 있지? 17개 시·도로 구분되어서 나와. 서울, 부산, 인천, 대구, 광주, 대전, 울산, 세종, 경기, 강원, 충남, 충북, 경남, 경북, 전남, 전북, 제주. 이 중 수능 평균 점수가 가장 높은 지역은 어디일까? 작년까지는 제주도가 1등이었어. 그것도 거의 전 영역에서 11년 연속. 정말이냐고? 놀랍다고? 믿기지 않는다고? 이유가 뭐냐고? 이유는 간단해. 사교육을 가장 적게 하였기 때문이지. 제주도 학생들은 사교육을 조금 하고 자기주도학습을 많이 하였기 때문에 오랜 시간 동안 1등을 해온 거야.

그렇다면 사교육을 제일 많이 하는 서울, 그중에서도 강남구 서초구 아이들은 꼴찌를 해야 하는 것 아니냐고? 그렇지. 그런데 그렇지는 않아. 강남구 서초구 학생들은 공부하는 양이 많기 때문이야. 부모로부터 공부 잘하는 DNA를 물려받았기 때문이기도 하지. 사교육은 성적을 떨어뜨렸지만, 학습량과 DNA가 중간쯤의 성적을 유지하도록 만든 거야. 이보다 더 중요한 이유가 숨겨져 있어. 지방의 공부 잘하는 재수생 삼수생의 성적이 서울의 성적을 올려준 것이 그것이야. 몇 년 전만 해도 재수생 삼수생들은 출신 고등학교 지역에서 시험을 치렀고 당연히 성적도 출신 지역의 통계에 들어갔지. 그런데 몇 년 전부터 서울에서 시험을 치를 수 있도록 해주었어. 지방 출신 재수생 삼수생들이 서울의 평균 점수를 올려준 거지. 강남구와 서초구에는 재수생 삼수생이 많고, 거기에다 지방의 공부 잘하는 아이들 성적까지 포함되니까 서울의 평균 점수가 높아진 거야. 모르긴 해도 고3 학생들의 수능 평균 점수만 따지면 서울 지역의 평균 점수가 중간 이하일 거야.

개천에서 용 나기 어려운 세상이 절대 아니야. 오히려 개천에서 용이 훨씬 많이 나오는 세상이지. 옛날에는 뛰어난 능력을 갖췄고 열심히 노력해도 성공하기가 힘들었어. 그런데 지금은 집안 형편이 아무리 어려워도 공부할 기회가 주어지지. 중·고등학교는 물론 대학까지 장학금 많고 등록금도 면제되잖아. 노력하면 뭐든지 될 수 있는 세상이야. 옛날에는 개천에서 용 나오기 어려운 세상이었지만 지금은 개천에서 용 나오는 데 조금도 문제없는 좋은 세상이란다.

060

학원에 다니지 않고 스스로 공부하면
같은 노력으로 지금보다 더 좋은 결과를
얻을 수 있을까요?

정답이다. 이제 공부의 원리를 알았으니 성적이 향상될 일만 남았구나. 피아노를 다른 사람이 대신 연습시켜줄 수 없는 것처럼, 근력과 지구력은 본인이 땀 흘려야 기를 수 있는 것처럼 공부 역시 자신이 이해하고 암기해야 해. 다른 방법 없고 쉬운 방법도 없어. 누군가가 대신해주리라 기대해서는 절대 안 돼. 학원 선생님들 실력 있을까, 없을까? 있어. 잘 가르치실까, 못 가르치실까? 잘 가르쳐. 학교 선생님과 다를 바 없어. 성실하고 친절하기까지 하지. 그런데 선생님은 왜 학원 다니면 실력 향상 안 된다고 이야기할까? 익히는 시간, 자기 실력으로 만드는 시간이 줄어들기 때문이야. 진짜 실력은 선생님의 강의를 들을 때 쌓이는 게 아니라 스스로 생각하고 반복해서 익혀야 쌓이기 때문이야. 학원 선생님도 학교 선생님도 교수님이나 다른 선생님에게 배운 것을 가르치는 게 아니야. 책을 보면서 연구하고 익혀서, 스스로 쌓은 실력으로 가르치는 거야.

선생님이 가르친 너희들의 선배 중 성공자의 98퍼센트는 '스스로 학습법'으로 공부했어. 너희들과 부모님들은 경험이 없어서 불안하겠지만 선생님은 수많은 경험이 있기에 조금의 두려움이나 불안감이 없어. 사교육 그만두고 자기주도학습을 하여 성적이 떨어지면 책임지겠느냐고 물으면 책임지겠다고 자신 있게 이야기할 수 있지. 물론 조건은 있어야 하겠지. 학원에 머무르는 시간만큼 혼자 책상 앞에 앉아 있어야 한다는 것과 책상 앞에서 스마트폰 만지거나 음악을 듣는 등의 딴짓을 하지 않는다는 것이 그것이야.

성공한 학생들은 주어진 시간 대부분을 배우는 시간에 투자하지 않고 자기 공부에 투자한 학생이었다는 사실, 성공 신화의 주인공은 모두 스스로 공부한 학생이었다는 사실을 믿으면 좋겠어.

061

학원비가 아까워요. 성적이 잘 나와도 아까울 텐데 성적이 나오지 않으니 더더욱 아까워요. 가정 형편이 좋지도 않고 엄마 아빠가 고생하여 번 돈을 학원비로 쓰는 게 괴로워요. 학원 다니지 않고 혼자 할 수 있다고 이야기해도 엄마는 절대 안 된다고 말씀하세요. 어떻게 하면 좋을까요?

대부분 아이는 학원비가 얼마인지도 모르고 학원비 아까운지도 모르는데 학원비 걱정하는 걸 보니 너는 철이 들었구나. 우리나라 사교육비가 2021년 기준 23조 4,158억 원이라더구나. 얼마나 큰 금액인 줄 모르지? 우리나라 2022년 1년 예산이 638조 7,000억 원이니까 어마어마한 돈이지. 사교육비 세계 1위야. 그런데 학생들의 지식 수준은 오히려 떨어지고 있으니 이보다 더 슬프고 안타까운 일은 없을 것 같구나.

대부분의 엄마 아빠들은 공부를 잘하는 방법에 대해 잘 모르더구나. 자녀가 공부 잘해주기를 기대하고 공부에 돈과 에너지를 엄청나게 투자하면서도 공부법에 대해 잘 모르고 있더라고. 엄마 아빠가 학원을 계속 다녀야 한다고 말씀하시는 것은 공부법에 대해 잘 모르기 때문이야. 집에서 노는 모습을 보고 속상하기 때문이기도 하고 학원에 가면 공부할 것이라 착각하기 때문이기도 하지. 뿌린 만큼 거둔다는 말을 믿기 때문인 것도 같아. 하지만 과유불급(過猶不及)임을 알아야 해. 지나치면 미치지 않음만 못하다는 뜻이지. 음식도 많이 먹으면 오히려 먹지 않음만 못하고 친절도 너무 지나치면 상대방에게 불편함을 주며 운동도 너무 많이 하면 건강을 해친다는 이야기야. 배우는 일도 마찬가지야. 적당히 배우는 것은 좋지만 지나치게 많이 배우는 것은 좋지 않은 결과를 만들어내니까.

부끄럽지만 고백할 게 있어. 선생님도 서른여덟 살까지는 사교육이 공부에 도움이 된다고 생각했어. 대부분 사람처럼 잘 가르치는 선생님에게 많이 배우면 성적이 오를 것으로 생각했지. 그래서 누구보다 열심히 가르쳤어. 그런데 아니더라고. 많이 배운 아이들, 수업을 많이 들었던 아이들, 사교육 열심히 받았던 아이들의 성적은 좋지 않았고 혼자 공부한 아이들의 성적은 좋았거든.

서른여덟 살인 어느 날부터 공부법에 관한 책을 사서 열심히 읽기 시작했어. 그리고 결론을 얻을 수 있었지. 강의 듣는 것은 공부의 시작일 뿐 공부의 마무리는 되지 못한다는 결론. 많이 배운다고 많이 알게 되는 것이 아니라 많이 익혀야 많이 알게 된다는 결론. 이후 이 결론이 옳다는 사실을 확인할 수 있었어. 많이 배운 학생의 성적이 좋은 게 아니라 스스로 생각하고 고민하고 익히는 시간을 많이 가진 학생의 성적이 좋았음을 확인할 수 있었던 거야.

062

학원을 끊으려 하는데 두렵습니다.
어떻게 해야 할까요?

가보지 않은 길에 대한 두려움은 누구에게나 있지. 두려워하는 마음 이해해. 왜 두렵지 않겠니? 익숙한 일을 그만두고 새로운 일을 시작하는 것은 어려운 일이야. 하지만 잘못된 길이라고 판단되면 두려움을 물리치고 뒤돌아설 용기도 필요하단다. 인간은 누구나 잘못할 수 있고 실수할 수도 있어. 중요한 것은 잘못된 선택이라 생각되면 빨리 새로운 길을 택해야 한다는 것이야.

두려워하지 않아도 돼. 특히 학원과의 이별은 문제를 스스로 해결하는 성숙한 인간으로의 출발이야. 배움은 학교로도 충분해. 아니 학교에서의 배움도 너무 많아. 배운다고 알게 되는 게 아님을 알아야 해. 생각하고 암기하며 응용 방법에 대해 고민해야 알게 되는 거야. 듣기만 해서는 지식을 쌓을 수 없어. 배우는 일은 공부가 아님을 알아야 하고 책을 스승 삼아 스스로 공부해내는 자만큼 강한 사람은 없다는 사실도 알아야 해.

사교육을 당장 그만두어야 하는 이유는 스스로 공부할 시간을 가져야 공부를 잘할 수 있기 때문이야. 사교육 선생님의 실력이 부족하거나 못 가르쳐서가 아니라. 학원 선생님들 실력 대단하시고 잘 가르치시지. 성실하시고 친절하시기까지 해. 하지만 그것은 학생들의 실력 향상과 아무 관계가 없어. "공부 잘하고 싶었기에 배우지 않았다." "성적 올리고 싶었기에 자기 공부할 시간을 많이 가지려 했다. 그래서 학원에 다니지 않았다." 이렇게 당당하게 말할 수 있어야 해. "나는 사교육을 받지 않았다. 왜냐하면 시간이 없었기 때문이다"라고 말한 수능 수석 학생의 이야기를 음미할 수 있어야 하는 거야.

'독서백편의자현'이라는 말 들어보았니? '읽을 독(讀)' '글 서(書)' '일백 백(百)' '~번 편(篇)' '뜻 의(義)' '저절로 자(自)' '나타날 현(見)'이야. 어떻게 해석할까? 지금부터 생각하는 시간 3분 줄게. 글을 읽음에 있어 백 번을 읽으면 뜻이 저절로 나타난다는 이야기야. 배워서 알 수 있는 게 아니라 여러 번 읽고 생각하면 저절로 알 수 있게 된다는 이야기지. 옛날 중국에 공부를 엄청나게 잘하는 동우라는 사람이 있었대. 사람들이 가르쳐달라고 부탁할 때마다 배운다고 지식이 쌓이는 게 아니니까 지식을 쌓으려면 스스로 여러 번 읽고 생각해야 한다고 말했다는 거야. 배워야 알 수 있는 게 아니라 천천히 깊게 생각하면 알 수 있게 된다는 이야기였던 거지.

학원 그만두는 일, 절대 두려워할 일 아니야. 학원에 오가는 시간과 학원에 머무르는 시간만큼만 혼자서 공부하면 실력은 기적이라 할 수 있을 정도로 올라갈 게 분명하니까.

063

다른 친구들은 선행을 거의 다 나갔더라고요. 저는 선행을 거의 하지 않아서 솔직히 걱정됩니다. 선행에 대해 어떻게 생각하시나요? 만약 해야 한다면 어떻게 해야 하는지 궁금합니다.

공부를 얼마만큼 했느냐가 중요한 게 아니라 얼마만큼 알고 있느냐가 중요하다는 것, 인정하지? 선행도 마찬가지야. 선행했느냐 하지 않았느냐가 중요한 게 아니라 선행을 통해서 지식을 쌓을 수 있었느냐 없었느냐가 중요해.

선행으로 지식 쌓기는 어려워. 내용이 어려워서이기 때문이기도 하지만 반복할 시간이 없기 때문이기도 해. 굳이 지금 하지 않아도 된다고 생각하기 때문이기도 하지. 선행하지 말아야 하는 중요한 이유는 두 마리 토끼를 쫓으면 한 마리 토끼도 잡을 수 없기 때문이야. 현재 배우고 있는 내용을 완벽히 알기 위해서는 시간이 필요한데 선행학습에 시간을 투자하면 현재 공부한 내용을 익힐 시간이 없잖아.

사람들, 특히 학생과 학부모님 들의 가장 큰 착각이 뭔지 아니?

말하면 들을 것이고 들으면 알 것이라는 생각이야. 선행학습했다고 아는 것 아니야. 선행학습했던 친구들, 성적이 좋지 못하다는 사실을 확인하는 것 어렵지 않아. 선행은 시간 낭비야. 얻음은 없고 잃음만 많은 어리석음이지.

064

학원을 끊고
야자하는 게 나을까요?

야간자율학습이 백번 낫지. 익혀서 자신의 지식으로 만들 수 있기 때문이고 진짜 공부를 할 수 있기 때문이야. 수업 끝나고 야간자율학습을 하기 전에 운동도 하고 산책도 할 수 있기 때문이기도 해. 선생님께서 통제해주어 정해진 시간 동안 자리에 앉아 있게 되고 공부에 몰두할 수 있는 것도 야자가 좋은 이유야. 학교보다 더 좋은 공부 장소는 없어. 선생님 아들이 고등학교 3년 동안 집에서 공부한 시간은 수능 전 일주일이 전부였어. 수능 일주일 전까지는 집에서 단 1분도 공부하지 않았어. 물론 사교육도 전혀 받지 않았지. 생물Ⅱ 한 문제만 더 맞혔다면 전 영역 1등급의 성적표를 받을 수 있을 정도로 좋은 결과를 만들어냈어. 야간자율학습 덕분이라고 이야기할 수밖에 없지. 선생님 아들뿐 아니야. 선생님의 제자 중 뜻을 이룬 제자의 대부분은 학교에서 야간자율학습에 충실했단다.

학교보다 더 좋은 공부 장소는 없어. 이동하는 데 시간 낭비하지 않아서 좋고 기다리느라 낭비되는 시간 없어서 좋으며 중간중간 운동할 수 있어서 좋지. 친구와 함께 질문하고 질문에 답할 수 있는 것도 좋은 점이야. 자신이 부족한 것을 친구를 통해 확인하여 보충할 수 있고, 충분히 생각할 수 있으며, 반복을 통해 완벽하게 알 수도 있어. 부모님과 갈등 일으킬 시간도 없어서 부모님과 관계도 좋아지고 사교육비 절약도 무시하지 못할 이익이란다. 정답은 학교에서의 야간자율학습이야. 선생님의 아들딸이, 그리고 너희 선배 천 명 이상이 너희에게 준 가르침이야.

배우면 알게 될 거라는 생각으로는 실력 향상이 불가능해. 자신의 힘으로 이해하고 암기하고 풀어내야 한다고 생각해야 실력 향상이 가능하지. 어려운 내용이나 이해 안 되는 내용을 붙들고 늘어질 수 있어야 해. 모르는 부분을 만날 때마다 사전이나 책을 보면서 알아내야만 해. 그리고 중간중간 머릿속에 저장되었는지 안 되었는지 수시로 확인해야 한단다.

065

학원이 자율학습 형식으로 돌아가면
그 학원에 다녀도 될까요?

자율학습 위주의 학원이라면 다녀도 괜찮지. 그런데 자율학습만 하는 학원을 굳이 다녀야 하는 이유는 뭐지? 학교에서 해도 되고 도서관이나 독서실에서 해도 되는데 적지 않은 돈을 지출하면서까지 굳이 학원에 다녀야 할 이유는 없잖아. 왜 학원비는 생각하지 않지? 부자도 아니면서. 적은 돈도 아니고 몇 십만 원, 많으면 백만 원도 넘는데. 1년 학원비만 모아도 대학생 때 유럽 배낭여행을 다녀올 수 있는데. 가족끼리 맛있는 음식을 일주일에 두 번씩 사먹을 수 있는데. 사교육비 때문에 고통받는 부모님도 생각해주어야 하는 것 아닌가?

학원이 자율학습 형식으로만 운영할 수 있을까? 쉽지 않아. 자율학습만 하고 돌아오면 학생들이나 학부모님들은 돈이 아깝다고 생각할 수밖에 없어. 그러면 학생들은 학원을 그만두게 되겠지. 학원도 이것을 알고 있기에 학원 선생님들은 조금이라도 가르쳐야 한다고 생각할 수밖에 없어.

혼자 해야 해. 혼자 해야 좋은 결과를 낼 수 있어. 한글과 아라비아숫자를 읽을 줄만 안다면 누구라도 혼자서 해낼 수 있어. 진짜 실력자들의 공통점은 혼자의 힘으로 하였다는 것이야. 성적 우수자들의 공통점은 사교육 없이 혼자서 공부했다는 것임을 알아야 해. 선생님의 아들딸도 중학교 입학 이후 단 한 시간의 사교육도 받지 않고 공부하여 원하는 대학에 합격했어. 얼마 전 전북 청소년 밴드동아리 경연대회에서 우리 학교 동아리 '종이비행기'가 대상을 받았어. 기타를 친 학생에게 누구에게 연주법을 배웠느냐고 물었더니 독학했다고 대답하더라. 몇 년 전 기타를 잘 쳤던 친구도 누구에게 배우지 않고 책 보면서 독학했다고 이야기했어. 공부뿐 아니라 모든 분야에서 실력을 갖춘 사람은 모두 스스로 연구하고 연습했다고 말하곤 해. 〈생활의 달인〉이라는 프로그램 본 적 있니? 잘 배워서 달인이 된 사람 있었니? 선생님이 본 달인 모두는 오랜 시간 혼자 연구하고 연습해서 실력을 키웠다고 말하곤 했어.

066

인터넷 강의는 들어도
괜찮은 거지요?

인터넷 강의를 부분적으로 활용하는 것은 괜찮다고 이야기하는 사람이 많아. 수능 만점자도 어려운 부분은 인터넷 강의를 활용했다고 인터뷰하기도 했지. 하지만 선생님은 반대야. 긍정적 측면이 있는 건 인정하지만 부정적 측면이 더 크기 때문이지. 부정적 측면이 뭐냐고? 부분적 활용이 아니라 전적으로 의지해버리는 것이야. 전적으로 의지해버리면 자기 공부할 시간이 줄어들고 생각할 시간이 없어져서 실력을 키울 수 없기 때문이란다.

공부 잘하는 아이는 필요한 부분만 선택적으로 듣지만, 보통의 아이는 인터넷 강의에 전적으로 의존해버리는 경우가 많아. 쳐다보고 있기만 하면 되기 때문이고 머리를 쓰지 않아도 되기 때문이야. 그래서 편하지. 이런 이유로 선생님은 인터넷 강의는 아예 듣지 않는 게 좋다고 말하는 거야. 책으로 충분해. 이해되지 않는 부분은 친구나 학교 선생님에게 물어보는 게 나아.

067

EBS 연계율이 국어·영어가 51.1%,
나머지가 50% 수준이라고 하는데
선생님은 왜 EBS 강의도 듣지 말라고 하는 거지요?

자동차 운전 실력이 있는 사람은 어떤 차를 운전하든, 어느 도로에서 운전하든 운전 잘할 수 있어. 실력 있다면 EBS 강의 한 번 듣지 않아도 1등급 가능하다는 이야기야. EBS 연계율이 높다고 하니까 교과서나 다른 참고서에는 나오지 않고 오직 EBS 교재에만 나온 내용과 문제가 출제된다고 생각하는 것 같은데 절대 그렇지 않아. EBS 교재의 내용이나 EBS 강의 내용 그대로 문제가 출제되지도 않지.

EBS 교재는 실력을 키우고 문제 풀이 연습을 하는 책이지 수학능력시험 문제가 그대로 나오는 책은 아니야. 실력 있으면 EBS 강의 듣지 않아도 풀 수 있고 실력 없으면 EBS 강의를 들었어도 풀 수 없는 거야.

EBS로 공부하더라도 EBS 교재와 EBS 강의를 별개로 생각해야 해. EBS 교재로 공부하는 것은 괜찮지만 EBS 강의에 시간을 빼앗기는 것은 바람직하지 못하다는 이야기야.

068

사교육 안 하고 열심히 노력했는데
실패하는 경우도 있나요?

그런 경우는 거의 없어. 사교육 하지 않고 책으로 열심히 공부했음에도 만족스럽지 못한 점수를 받은 경우는 1퍼센트 미만이야. 사교육에 의존하다가 망한 학생은 많이 보았어도 사교육 없이 혼자서 열심히 공부해 실패한 학생은 본 적 없거든. 물론 사교육 않고 열심히 노력도 안 하면 실패하는 건 당연하지.

공부뿐 아니라 어떤 일에서든 능동적이고 적극적이어야만 재미도 있고 효과도 있어. 항상 누가 시키는 공부만 수동적으로 하다가 자신이 주도적으로 뭔가를 하려고 들면 처음에는 힘이 들어. 하지만 몇 번이고 자기 힘으로 하려고 버둥거리다 보면 조금씩 즐거워진단다. 스스로 하면 할수록 자기 내면의 힘이 커가는 게 느껴지기 때문이지. 스스로 공부해야 재미를 찾을 수 있고 결과도 좋아서 환한 미소를 지을 수 있는 거야.

069

모든 사교육을
그만두어야 하나요?

사교육을 반대하는 사람 중에도 필요한 사교육은 괜찮다 하고, 한두 과목의 사교육은 도움이 된다고 이야기하는 사람이 있는데, 선생님 생각은 달라. 선생님은 단 한 시간의 사교육도 해서는 안 된다고 이야기하고 싶어. 고등학교 과정의 학습 내용은 어려운 내용이 아니기에 학생 혼자서 해결하지 못할 내용은 하나도 없기 때문이야. 혼자 공부하면 시간이 많이 소비되기 때문에 효율적이지 못하다고 이야기할 수도 있지만, 시간 낭비가 아니라 고민한 만큼 실력이 향상되는 것이라고 이야기하고 싶어. 사람들은 착각을 많이 하지. 실패하지 않는 것이 좋다는 착각, 빠른 방법이 좋다는 착각, 쉬운 방법이 좋다는 착각이 그것이야. 이러한 착각에서 벗어나야 공부 잘할 수 있단다.

단 한 시간이라도 사교육을 해서는 안 되는 이유는 그 한 시간의 사교육이 생각하는 힘을 죽일 수 있기 때문이야. 오래전 일인데, 선생님의 친구가 선생님 이야기 듣고서 아들 사교육 다 끊겠다고 이야기했어. 그런데 아들이 공부하면서 모르는 것이 있을 수 있으니, 토요일에 한 번 과외선생님을 오시라 해서 공부하면서 몰랐던 내용을 질문하고 답을 듣도록 하는 것은 괜찮지 않겠느냐고 물었어. 괜찮다 대답해주었지. 그런데 집으로 돌아오는 시간에 그것도 아니라는 생각이 들었어. 그래서 집에 와서 다시 전화했지. "친구야! 토요일 한 번의 과외도 안 된다. 왜냐하면, 아들이 공부하다가 모르는 게 있으면 체크해놓고 넘어가겠지? 생각해보지도 않고. 그리고 토요일에 선생님 설명 듣겠지? 그러면 알게 될까 계속 모를까? 계속 모를 수밖에 없어. 왜? 스스로 생각해보지 않았기 때문이지. 실력이 절대 향상되지 못하는 이유가 되는 거야. 혼자 이렇게 생각해보고 저렇게 생각해보면서 끙끙대는 과정에서 실력이 향상되는 것인데 그렇지 못하니 실력이 향상되지 못할 수밖에"라고 이야기해주었어.

혼자 끙끙대는 것이 가장 좋긴 하지만 혼자서 어렵다면 친구에게 물어보는 게 좋아. 친구랑은 함께 끙끙대면서 실력을 키워갈 수 있기 때문이지. 어려운 일을 만날 때마다 남의 도움을 받아 해결한다면 대학 공부는 어떻게 할 것이며 직장 업무는 어떻게 처리할 것인가? 매번 물어볼 수 없는 거잖아. 교육은 힘을 키우고 능력을 키우는 과정이야. 능력을 키우기는커녕 죽여버린다면 성장을 도와주는 것이 아니라 성장을 방해하는 일이 되지.

누에가 실을 뽑아서 지어놓은 집을 누에고치라 하는 것 알지? 시간이 흐르면 누에고치 안에 있는 애벌레가 고치를 뚫고 나와 나방이 되는 것도 알 거야. 어떤 사람이 작은 구멍으로 힘들게 누에나방이 나오는 것을 보았어. 힘들게 나오는 모습이 안타까워서 가위로 그 구멍을 크게 만들어주었단다. 다른 누에나방은 고통을 겪으며 힘들게 빠져나왔지만, 가위로 구멍을 크게 만들어준 누에고치에서 나온 나방은 아무런 고통도 없이 쉽게 나와서 날개를 펄럭였어. 잠시 후, 작은 구멍으로 겨우 비집고 나온 나방은 한 마리 한 마리씩 날개를 펼치며 공중으로 날아올랐지만, 가위로 낸 큰 구멍으로 쉽게 나온 나방은 날개를 푸드덕거리다가 비실비실 책상 위를 돌더니 얼마 후 움직임이 없어졌어. 그러고는 책상 위에서 시들시들하더니 결국 죽어버렸단다. 그 사람은 누에나방이 작은 구멍으로 나오며 애쓰는 동안 힘이 길러지고 물기가 알맞게 말라 날수 있게 된다는 것을 몰랐던 거야. 가능하면 도움을 받지 않는 게 좋아. 도움을 받으면 약해지고 무능해지는 게 동물의 특성이니까.

정말로 모르겠고 답답하여 도움을 받고 싶으면 친구의 도움을 받는 게 좋아. 친구에게는 캐물을 수 있고 함께 탐구할 수 있기 때문이지. 이 과정에서 우정도 돈독해지기도 하지.

070

자료를 받기 위해 다니는
학원은 바람직할까요?

가방 크다고 공부 잘하는 것 아니고 책 많다고 공부 잘하는 것 아니야. 마찬가지로 자료 많다고 공부 잘하는 것 아니지. 서울대학교 수석 합격자가 이런 말을 한 적 있어. 재수를 시작하면서 가장 먼저 했던 일은 책을 없애는 일이었다고. 책이 없어서 공부 못하는 게 아니라 책이 너무 많아서 공부 못하는 것이라는 이야기였어. '단권화'란 말 들어보았니? 책을 없애고 한 권의 책으로만 공부한다는 이야기야. 과목당 책 한 권으로만 공부해야 좋은 성적을 거둘 수 있다는 주장이었지.

재주가 많으면 굶어 죽는다고 했어. 이 말이 옳은 말이라고 할 수는 없지만, 공부에는 딱 들어맞는 말이란다. 이 책 대충 한 번 보고 저 책 대충 한 번 보면 한 권도 제대로 볼 수 없어. 제대로 책을 보지 못하였는데 어떻게 좋은 점수가 나오겠니? 책이 많으면 제대로 공부할 수 없다는 사실을 알면 좋겠어.

자료는 널려 있어. 교과서와 학교에서 주는 자료로 충분해. 학원에서 받은 자료는 오히려 공부를 방해하는 훼방꾼 역할만 할 뿐이야. 그리고 학교 시험자료는 학교에서 구해야지 왜 학원에서 구하니? 시험 출제자는 학교 선생님인데. 구슬이 서 말이라도 꿰어야 보배라고 했어. 백 개의 자료를 수집하는 것보다 하나의 자료를 내 것으로 만드는 일이 훨씬 더 중요하다는 이야기야.

071

곧 2학년이 되는데 선행학습을 한 게 아무것도 없습니다. 2학년이 되어서 잘할 수 있을까 걱정이 되고 두렵습니다. 다른 친구들 선행하는 것을 보면 위축이 됩니다. 어떻게 해야 할까요?

세상에는 가짜 뉴스가 너무 많아. 사교육을 해야 성적을 올릴 수 있다는 이야기도 가짜 뉴스고 선행학습이 필요하다는 이야기 또한 가짜 뉴스지. 주위에 선행학습을 했던 친구들의 성적표 본 적 있니? 좋지 않은 걸 확인했을 것 같은데. 만약 좋다면 그것은 원래 그 학생이 공부 잘하는 학생이기 때문이지 선행학습 때문은 아니야. 선행학습은 시간 낭비, 돈 낭비일 뿐이거든.

사람들의 잘못된 생각 중 하나는 배우면 안다는 생각이고 많이 배우면 많이 안다는 생각이야. 잘 가르치는 선생님에게 배우면 잘 알 수 있다는 생각도 엉터리지. 학교 시험에 나오는 문제는 다 배운 거잖아. 그런데 50점도 있고 60점도 있잖아. 50점 60점도 시험공부 했기 때문에 받은 점수지, 배웠기 때문에 받은 점수가 절대 아니야. 익힘의 시간을 가지지 않았다면 주관식 시험은 20점 미만

일 가능성이 커.

선행학습, 절대 중요하지 않아. 오히려 손해지. 선행학습하느라 지금 배우는 내용을 익히지 못하기 때문이야. 두 마리 토끼 잡으려다 한 마리 토끼도 못 잡는 상황이 되어버리는 거란다. 유럽의 초등학교에서는 선행학습을 절대 금지한다는 것 알고 있니? 수업시간에 집중력 떨어뜨린다는 이유에서야. 아는 것 같은 것을 아는 것으로 착각해서 집중하지 않기 때문이라고 해.

072

수학과 영어 실력이 부족한데
그래도 학원을 끊고 자기주도학습을 해야 하나요?

　학생과 학부모들의 가장 큰 착각이 뭔지 아니? 배우면 알게 된다는 생각이야. 배우면 아니? 배운 것 다 알고 있니? 배우지 않아서 모르는 거니? 학교 시험은 다 배운 내용인데 왜 점수가 50점 60점이니? 어떤 학생이 서술형 시험에서 30점 만점에 25점을 받았다 하자. 만약 그 학생이 배우긴 했는데 익히지 않았다면 몇 점 받았을까? 5점도 힘들어. 실력은 배움으로 쌓는 것이 아니라 익힘으로 쌓는 것이기 때문이야. 공부 잘해도 자기주도학습이어야 하고 공부 못해도 자기주도학습이어야 해.

　수학은 생각하는 힘이 있어야 잘할 수 있어. 그리고 생각하는 힘은 그 어떤 유능한 선생님도 키워줄 수 없고 오직 자기 자신만이 키울 수 있지. 영어는 단어 숙어가 기본인 것 알지? 선생님이 단어 숙어 암기시켜줄 수 있을까? 절대 없어. 자신이 암기하지 않으면 안 돼. 해석과 내용 분석도 자신이 하지 않으면 완전한 자기 것이 될 수 없어. 자신이 해석하고 자신이 분석했을 때만 실력이 키워지는 거야.

학원 다니면 실력이 향상될 것 같지? 아니야. 학원에서 열심히 공부하는 학생도 있지만 적지 않은 학생들이 구경꾼처럼 선생님의 강의에 감탄하다가 재미있는 이야기에 키득키득 웃다가 잠이 오면 꾸벅꾸벅 졸다가 쉬는 시간에 떠들다가 집으로 돌아가잖아. 그러고는 잘 배우고 많이 배웠으니 성적이 오를 거라 착각하지. 아이들도 부모들도 선생님까지도. 시험이 끝난 후에는 실수했다고 변명하고.

073

저는 학원에 다닌 덕분에
영어 수학 과학 과목 등급이 다 올랐습니다.
그래도 학원을 그만두어야 하나요?

하나의 결과를 만들어내는 데는 원인이 하나뿐일까? 맛있는 음식을 먹고서 재료가 좋아서 음식이 맛있었다고 하면 요리한 사람은 뭐라고 말할까? 학원 다녀서 점수가 오른 경우가 있긴 해. 특히 중학교 때까지는 학원 덕분에 점수 오르는 경우가 많지. 학원 다니지 않으면 공부를 조금도 안 하는데 학원에 다니면 그래도 공부한 것이 있기 때문이지. 10분도 공부하지 않은 것과 2시간 강의 들은 것과 차이가 있을 수밖에 없어. 학원에 다니기 시작하면서 점수가 올랐다는 이야기, 인정해. 그런데 만약 학원 다니지 않고 혼자 2시간씩 공부했다면 점수 오르지 않았을까? 학원이 점수를 올려준 게 아니라 공부한 시간이 점수를 올려주었다고 보아야 옳다는 이야기야. 사교육 효과가 있느냐 없느냐를 이야기하려면 자율학습을 3시간씩 하는 것과 사교육을 3시간씩 했을 때를 비교해야 옳아.

중학교 공부와 고등학교 공부에 차이가 있다는 것을 알아야 해. 중학교 과정은 사고력이 필요 없어. 단순 암기가 대부분이지. 하지만 고등학교 교육과정에서는 달라. 특히 모의고사나 수학능력 시험은 사고력 없이는 풀 수 없어. 스스로 생각하지 않으면 절대 좋은 결과를 만들어낼 수 없다는 이야기야. 배우면 안다는 환상, 누군가가 자신의 공부를 도와주면 잘할 수 있을 거라는 환상을 버리는 것에서부터 진짜 공부가 시작된다고 이야기할 수 있어.

선생님은 한두 명의 학생을 관찰한 게 아니라 천 명이 넘는 학생들을 관찰했어. 사교육을 하지 않고 자기주도학습을 한 학생이 어떤 결과를 만들었고 사교육을 한 학생이 어떤 결과를 만들었는지를 상당히 잘 알고 있어. 사교육 열심히 한 학생들 대부분은 결과가 좋지 않았고 사교육 없이 자기주도학습 한 학생들 대부분은 결과가 엄청 좋았어. 선생님이 사교육 하지 말라고 자신 있게 이야기하는 이유야. 세계 최고의 실력자들에게 지도받았다 해도 자기혼자 연습해보지 않는다면 실전에서 써먹을 수 없음을 알아야 해.

중요한 것은 최종 결승선에서의 성적이야. 선생님은 최종 결승선에서의 성적을 누구보다 많이 알고 있기에 사교육을 하지 말라고 자신 있게 외치는 거야. 선생님의 이야기, 믿어주면 안 되겠니?

074

학원 다니는 과목의 성적이 더 잘 나오는 경우도 있는데 어떻게 생각하나요?

같은 교실에서 같은 선생님에게 같은 시간 동안 같은 수업을 받았는데 어떤 학생은 1등급을 받고 어떤 학생은 7등급을 받았어. 1등급을 받은 학생이 선생님 덕분이라고 하면 될까 안 될까? 안 되지. 7등급을 받은 학생이 선생님 덕분이라고 하면 될까 안 될까? 안 되지.

학원 다니는 과목이 더 잘 나올 수 있어. 이유는 뭘까? 공부량이 많았기 때문이야. 학원 다니지 않은 과목의 성적이 좋지 않은 이유는 공부량이 없거나 적기 때문이고. 학원 다녔기 때문에 성적이 잘 나온 게 아니라 그 과목에 시간과 에너지를 쏟아부었기 때문에 성적이 잘 나온 것으로 생각해야 옳은 거야.

성적을 결정하는 가장 큰 요소는 노력, 즉 공부량이야. 다른 과목 공부는 1시간 했는데 학원 다닌 과목 공부는 학원에서 5시간 공부했다면 학원에서 공부한 과목의 성적이 잘 나오는 것은 지극히 당연하지. 굳이 비교하려면 학원에서 5시간 공부한 성적과 자기 혼자 5시간 공부한 성적을 비교해야 옳다는 이야기야.

기숙학원은 온종일 공부한다고 하는데 가야하나요?

누군가가 너에게 관심 가져주면 좋지. 그런데 지나치게 관심 가져주면 좋을까 좋지 않을까? 좋기는커녕 짜증만 나고 도망치고 싶을 거야. 어떤 일에서나 적당한 것이 좋아. 지나친 것은 좋지 못하지. 음식도 너무 많이 먹으면 먹지 않음만 못하고 운동도 너무 많이 하면 하지 않음만 못해. 종일 공부만 하는 것은 휴식을 취하면서 하는 공부보다 좋은 결과를 가져오지 못해.

그리고 기숙학원은 종일 공부하는 게 아니라 종일 강의만 듣는 것 같던데. 이것은 최악의 공부법이야. 8시간 강의 듣고 1시간 자기 공부해서는 절대 좋은 결과를 만들 수 없어. 2시간 강의 듣고 4시간 자기주도학습 하는 것만 못하지. 공부는 학습이고 학습은 '배울 학(學)' '익힐 습(習)'이야. 배우는 것이 공부인 것 아니고 배우고 익히는 것이 공부인 거야.

공부를 연구한 학자들은 배움 1에 익힘 3 정도가 가장 좋다고 이야기해. 그렇기에 학교 수업시간이 하루 7시간인 것은 잘못된 거야. 7시간 배우면 안 돼. 익힘의 시간이 적어지기 때문이지. 4시간 배우는 게 좋아. 그래야 익히고 연구하는 시간을 만들 수 있으니까. 배움의 시간은 줄이고 생각하고 연구하고 익히는 시간을 많이 가져야 해. 그래야 실력 향상이 가능하니까. 배우는 일보다 익히는 일에 힘써야 성적을 올릴 수 있어. 선생님이 사교육을 하지 말라는 이유도 사교육이 나빠서가 아니라 사교육을 받게 되면 익힘의 시간이 줄어들기 때문이라는 것, 다시 한번 말해줄게.

076

학원 다니면 안 된다고 하셨는데
어려운 수학 문제는 혼자서 어떻게 하나요?

자전거 처음 탔던 날 기억하니? 넘어지고 또 넘어졌지? 한 번 넘어졌을 때, 어렵다고 징징대면서 포기했다면 지금 자전거 탈 수 있을까? 넘어졌을 때 일어나서 다시 자전거에 올라탔기 때문에, 다칠 각오를 하고 올라타서 페달을 밟았기 때문에 지금 즐겁게 자전거를 탈 수 있는 거잖아. 넘어지지 않고 자전거 탈 수 있게 된 사람은 없어. 넘어지지 않고 자전거 탈 수 있도록 가르칠 능력을 갖춘 선생님도 이 세상에 단 한 사람도 없지. 넘어지는 것을 두려워하지 말아야 해. 몇 번의 실패를 거듭하는 동안 스스로 요령이 생기고 방법을 터득하게 되어 잘 탈 수 있게 되는 거야. 어려울 거라 걱정만 하고, 위험하다면서 구경만 한 사람은 끝내 자전거를 타지 못하는 거야.

고등학교 수학, 어렵다는 것 인정해. 하지만 풀려고 마음먹고 덤비면 풀어낼 수 있다는 것도 분명해. 남들이 자전거 타는 것 구경만 해서는 절대 자전거 탈 수 없는 것처럼 문제 푸는 모습을 아무리 오랜 시간 구경해보았자 스스로 풀어보지 않으면 절대 풀어낼 수 없어. 강의 듣는 것은 공부가 아니라 구경하는 일일 뿐이라는 사실을 알아야 해. 구경하는 것이 때로는 필요하지만 구경하는 시간은 적게 가지고 혼자 머리 굴리며 이렇게 저렇게 해보는 시간을 많이 가져야 공부 잘할 수 있어.

진짜 공부 잘하는 학생들은 쉬운 문제든 어려운 문제든 끝까지 혼자서 해결한다. 인간의 뇌는 배울 때보다 스스로 고민하고 탐구하고 문제와 씨름할 때 자극받고 활성화된다는 사실도 알아야 해. 수학 실력이 오르지 않는 이유는 누군가의 도움을 받아야 풀 수 있다는 못난 생각 때문임을 알아야 해. 시험장에서는 선생님의 도움을 받을 수 없다는 사실도 알아야 하겠지.

077

학원 끊고 공부를 해보려 하는데
막상 집에 가면 공부하려는 마음이 사라집니다.
어떻게 해야 하나요?

이렇게 외쳐볼래? "저는 오늘부터 집에서는 공부 1분도 하지 않
겠습니다"라고. 무슨 뚱딴지같은 소리냐고? 집에 가면 공부할 마
음이 사라진다고 했잖아. 그러면 집에 가지 말아야지. 집에 가지
말고 학교에서 공부해야지. 집에서 공부하겠다면서 집에 갔는데
막상 집에 가니 침대에 눕게 되고 컴퓨터 앞에 앉아 있게 된다면
이제부터라도 자신에게 속지 말아야지. '오늘부터는 진짜 공부할
거야'라는 거짓말에 속아 넘어가지 말아야 해. 집에서 공부하겠다
는 생각으로 집에 가곤 했는데, 집에서 공부했던 경험이 거의 없었
다면 집에서 공부하겠다는 생각을 버리는 것이 좋아. 그러면 학교
에 남아 있게 되고 학교에 남아 있게 되면 공부하게 되는 거잖아.

학교 교실이나 자율학습실보다 더 좋은 공부 장소는 없어. 쾌적
하지, 답답하지 않지, 잠깐씩 운동할 수 있지, 산책할 수 있지, 친구

나 선생님에게 물어볼 수 있지. 얼마나 좋아. 도서관, 독서실, 스터디 카페도 좋긴 하지만 학교만은 못해. 10시 30분까지만 공부해도 충분해. 집에 와서 부모님과 잠깐 대화 나눈 후에 빨리 잠자리에 들면 돼. 집에서는 단 1분도 공부하지 않겠다는 자세가 왜 필요한지 이제 알겠지? 성적은 학교에 머무르는 시간과 비례한다는 사실을 이야기해주고 싶어.

078

학원을 끊으면
성적이 왜 오르는지 설명해주세요

자기 공부할 시간이 많아지기 때문이야. 생각할 시간 많아지고, 머릴 쓸 시간 많아지고, 암기할 시간도 많아지기 때문이지. 공부 잘하는 학생들의 공통점은 혼자 공부하는 시간이 많다는 것이야. 배우는 시간을 줄여야, 사교육 시간을 없애야 혼자 공부할 시간을 만들 수 있잖아.

이렇게 중얼거려볼래? "그동안 나는 나에게 공부할 시간을 너무 주지 않았구나. 혼자 할 수 있는데 혼자는 할 수 없다고 나 자신을 과소평가하였구나. 아! 나는 나 자신을 바보로 만들었구나"라고.

PART 3

국·영·수는 어떻게?

전 과목 잘해야 하나요?

079

국어 공부를 할 때
무엇부터 시작해야 할지 모르겠어요

언어를 공부할 때 가장 기본이 되는 것은 단어 암기야. 엄마를 엄마라 하고 아빠를 아빠라 하며 밥을 밥이라 말하는 능력은 언어 학습에서 매우 중요하지. 어휘력이 중요하단다. 글을 읽고 이해하는 능력이 중요한데 어휘력 없이는 이런 독해력 기르는 일이 불가능하기 때문이야. 그렇기에 누구라도 외국어를 배울 때에는 단어 숙어 암기에 엄청난 시간과 에너지를 투자하는 거란다. 그런데 유감스럽게도 많은 학생이 국어를 잘하고 싶다면서 어휘력 공부는 하지 않고 있어. 웃기지 않니? 국어를 잘하고 싶다면서 단어 숙어 공부를 하지 않는 것이.

글을 읽다가 모르는 단어 숙어 속담을 만나면 읽기를 멈추고 사전을 펼쳐야 해. 시간이 걸릴지라도 반드시 사전을 찾아서 정확한 의미를 아는 것은 모든 공부의 기본이야. 영어 단어를 공부하기에 앞서 우리말 단어를 공부해야 해. 한 번 사전을 펼쳐서 확인했다고 머릿속에 남아 있는 게 아니야. 단어를 분석하고 연구하고 암기하려는 노력은 계속해서 필요해. 빨리 읽기 위해서도, 정확하게 이해하기 위해서도 어휘력은 기본이니까. 단어와 용어의 개념을 정확히 알지 못하면 공부 절대로 잘할 수 없는 거야.

공부 잘하는 아이들을 관찰하면 예외 없이 어휘력이 풍부하다는 사실을 확인할 수 있어. 일부러 시간을 내서 단어 공부를 하는 게 좋지만 그게 어렵다면 공부하다가 모르거나 아리송한 단어나 숙어나 속담이나 한자 숙어를 만났을 때 반드시 사전을 찾아야 해. 정확히 이해해야 하고 확실히 암기해야 하기 때문이야. 문맥을 통해 대충 이해하고 넘어가려 해서는 안 돼. 수고가 많지 않은 자에게 인생은 혜택을 베풀지 않는다고 하였어. 사전 찾는 노력을 하지 않으면 성적 향상은 절대 불가능하다는 사실을 알면 좋겠어.

어휘력이 국어 공부의 전부는 아니야. 문장의 내용을 정확히 이해하여야 해. 문장이 너무 길면 수식어를 제외하고 읽어봐. 수식어를 제외하면 문장이 짧아지고 그러면 문장의 내용을 명확하게 알수 있어. 문장의 의미를 이해한 다음에는 문단의 의미를 이해해야 해. 왜 이런 이야기를 했을까 생각하면서 읽다 보면 중심 내용을 알게 되고 기쁨도 느낄 수 있을 거야. 공부가 즐거운 작업임을 확인할 수 있게 되는 거지.

글을 읽고 정확하고 빠르게 이해하는 데 필요한 것 중 하나는 배경지식이야. 배경지식이 풍부해야 글의 의미를 정확히 이해하면서 빠르게 읽어 내려갈 수 있어. 축구에 대한 배경지식이 있어야 축구에 관한 글을 빠르게 읽어 내려가면서 정확하게 이해할 수 있는 거지. 과학에 관한 내용의 글은 과학 지식을 가져야 빠르고 정확하게 읽어나갈 수 있어. 그래서 필요한 게 독서야. 독서가 국어 공부인 거지. 독서를 얼마만큼 하였느냐가 현재의 국어 실력에 영향을 미치는 거야. 과거에 독서를 하지 않은 사람은 어떻게 해야 하냐고? 지금부터라도 하면 돼. 책을 읽을 시간이 없다고? 지금부터라도 틈틈이 조금씩 책을 읽어가면 만족할 만한 결과를 얻어낼 수 있어.

080

선생님께서는 한자를 강조하시는데 꼭 해야 하는가요? 저는 어려워서 한자를 공부하기 싫은데요

구구단을 몰라도 수학 연산을 할 수 있지만, 구구단을 알게 되면 수학 연산이 훨씬 쉬워지고 빨라지지. 한자는 구구단이야. 한자를 몰라도 공부할 수 있지만, 한자를 알게 되면 이해가 쉬워지고 이해가 되면 재미가 붙고 암기도 쉬워지지. 구구단을 외우는 일이 힘들고 짜증이 나더라도 외워야 하는 것처럼 한자 역시 공부하기 힘들고 짜증이 날지라도 기대 이상의 이익을 안겨주기 때문에 반드시 공부해야 한단다. 한자 공부는 모든 공부의 기초이고 공부를 잘하기 위해 꼭 필요한 투자야.

한자는 쓸 줄 몰라도 괜찮고 읽을 줄 몰라도 상관없어. 뜻을 아는 것으로 충분하지. '서정시'의 '서'가 '펼 서(抒)'고 '정'이 '감정 정(情)'이라는 사실만 알면 돼. 서사시의 '서'가 '차례로 행할 서(敍)'고 '사'가 '사건 사(事)'라는 사실만 알면 되지. 진분수의 '진'이 '진짜 진(眞)'이고 가분수의 '가'가 '거짓 가(假)'인 것을 아는 것으로 충분해.

무슨 뜻이냐고? 분수는 1보다 작은 수를 나타내기 위해 만들었는데 1보다 작으니까 진짜 분수야. 그래서 '진짜 진'을 서서 진분수라 이름 붙였어. 1보다 큰 분수는 분수를 만든 목적에서 벗어났지? 그래서 '가짜 가'를 써서 가분수라 이름 붙였단다. 이렇게 이해하면 헷갈리지 않는다는 이야기야.

'배금주의'의 의미를 모르는 사람이 많아. '배'가 '배반하다'라는 의미의 '배'도 있지만 '절하다'는 의미의 '배'도 있다는 사실까지 알아야 해. 두 번 절한다는 재배(再拜), 우러러 공경하면서 절한다는 숭배(崇拜), 백 번 절하면서 잘못에 대해 용서를 빈다는 백배사죄(百拜謝罪)에서의 '배'가 '절할 배'임을 안다면 공부가 재미있어질 거야.

'금(金)'도 설명해주어야겠구나. 보통 '쇠 금(金)'이라고 이야기하는데 물론 '쇠(steel)'라는 의미로도 많이 쓰여. 하지만 '돈(money)' '금(gold)' '노랑(yellow)' 그리고 '김수환 추기경'처럼 성씨(Kim)로도 많이 쓰인단다. '금(金)'을 만났을 때 이런 의미가 있다는 것을 알면 단어의 의미가 쉽게 이해될 것이고 이해가 되면 오래 기억할 수 있는 거야.

'양말'을 '양발'로 알고 있는 사람이 많은데 이것 역시 한자를 모르기 때문에 나오는 실수야. '양'은 '서양 양(洋)'이고 '말'은 '버선 말(襪)'이거든. 버선이 뭐냐고? 여자들이 한복 입을 때 신는 양말처럼 생긴 물건이야. 옛날에 양말이 없었을 때 우리 할머니 할아버지들이 신었지. 서양의 버선이기에 양말이라 이름 붙였던 거야. 양복, 양장, 양식, 양약, 병인양요, 양주, 양옥, 양배추 등에서의 '양'이 모두 '서양'이라는 뜻인 줄 알면 공부가 어렵지 않고 재미있게 되는 거야.

영어 문법 용어도 한자어인 것 아니? '줄 수(授)' '줄 여(與)'의 수여 동사고, '아닐 부(不)' '정할 정(定)'의 부정사야. 긍정의 반대인 부정이 아니라 정해지지 않았다는 의미의 부정이지. '동사 동(動)' '명사 명(名)'의 동명사고, '도울 조(助)'의 조동사며, 임시로 정했다 해서 '임시 가(假)' '정할 정(定)'의 가정법이야. 능히(스스로) 움직이는 모양이라 해서 '능할 능(能)'의 능동태(能動態)고 움직임을 받는 형태라 해서 '받을 수(受)'의 수동태(受動態)야.

수학 용어도 한자어가 많아. '빌 공(空)'의 공집합이고 '섞일 교(交)'의 교집합이며, '합할 합(合)'의 합집합이야. '남을 여(餘)'의 여집합이고 '어긋날 차(差)'의 차집합이지. '간략할 약(約)'의 약수고 '갑절 배(倍)'의 배수며 '바탕 소(素)'의 소수란다. '방법 방(方)' '정도 정(程)'의 방정식이고 '항상 항(恒)' '같을 등(等)'의 항등식이야. 방법의 정도에 따라 참 거짓이 정해진다 해서 방정식이고 항상 같다 해서 항등식인 거지.

사회, 과학, 국사 등에 나오는 용어는 거의 전부가 한자어야. 링컨은 "나에게 나무 벨 시간이 8시간 주어신나면 그중 6시간을 도끼를 가는 데 쓰겠다"라고 했어. 도구가 중요하다는 이야기고 기본이 중요하다는 이야기지. 철저히 준비해야 한다는 이야기이기도 해. 한자가 어렵다는 것 인정해. 그렇지만 공부해야만 한다는 것도 분명해. 쓸 줄 몰라도 괜찮아. 읽을 줄 몰라도 상관없어. 다만 단어를 이루고 있는 글자의 뜻이 무엇인지만 알면 돼. 학습(學習)은 '배울 학' '익힐 습'이고 학문은 '배울 학' '물을 문'이라는 사실만 알면 되는 거야. 학습은 배우고 익히는 일이야. 배우는 게 공부 아니고 배우고 익히는 게 공부라는 사실, 명심하면 좋겠어. 익히는 일이 중요하다는 사실을 깨달아야 해. 학문(學問)의 '문'이 '무슨 문'이라고? 그래. '물을 문'이야. 공부 잘하려면 질문해야 하는 거란다.

선생님은 이렇게 외치고 싶구나. "한자가 어려운 게 아니라 한자를 모르기 때문에 공부가 어려운 것이다"라고.

081

수학 학원에 다니는데도 수학 성적이 떨어졌습니다. 어머니께 수학 학원을 그만두고 집에서 자기주도학습을 하겠다고 말했는데 학원에 다녀야 한다면서 안 된다고 하셨습니다.

수학 학원에 다니면 수학 점수가 올라갈까? 그대로일까? 떨어질까? 올라가는 학생도 있고 그대로인 학생도 있으며 떨어지는 학생도 있겠지. 학원에 다니지 않은 학생도 마찬가지고. 성적은 학원 다니느냐 다니지 않느냐와 관계가 없다는 이야기야. 성적은 선생님이 잘 가르쳤느냐 못 가르쳤느냐가 결정해주는 것이 아니라 공부하는 시간과 생각하는 힘이 결정해준다는 이야기지. 배웠느냐 배우지 않았느냐가 중요한 게 아니라 얼마만큼 알아내려 노력했느냐, 얼마만큼 해결해내려 고민했느냐가 중요한 거야.

같은 시간을 투자했다면 학원 다니는 학생은 혼자서 공부하는 학생을 이길 수 없어. 선생님이 30년 넘게 학생들을 지도하면서 얻어낸 결론이지. 모든 공부는, 특히 수학능력시험은, _1중에서도 특히 수학은 사고력을 측정하는 시험이야. 사고력은 생각하는 힘이지. 생각하는 힘은 어떻게 길러질까? 머리에 쥐가 날 정도로 생각하고 또 생각하여야만 길러진단다. 수학은 다른 학문의 바탕이 되고 실생활에 활용되기 때문에 공부하기도 하지만, 머리에 쥐 나는 과정을 통해 사고력을 기르기 위해서도 하는 거야. 수학 공부를 통해서 사고력, 추리력, 논리력, 인내력을 기를 수 있다는 이야기지. 인간의 뇌는 학습의 경험에 따라 끊임없이 변하고 발달한다는 사실을 알면 좋겠어. 학습할수록 뇌세포를 연결하는 신경망인 시냅스가 생기거나 강화된다는 사실을 알아야 하는 거야.

'경당문노'라 하였어. '밭 갈 경(耕)' '마땅히 당(當)' '물을 문(問)' '종 노(奴)'로 밭 가는 일은 마땅히 종(농부)에게 물어야 한다는 뜻이지. 농사일에 대해서는 그 어떤 사람도 농부를 이길 수 없어. 마찬가지로 공부에 관해서는 그 누구도 선생님보다 많이 알지 못해. 선생님이 정치 경제 사회 예술 기술 분야에 대해서는 잘 모르지만, 공부법만큼은 누구보다 잘 안다고 자신할 수 있단다. 오랜 시간 아이들을 가르쳐왔고 어떤 학생이 어떻게 공부해서 어떤 결과를 냈는지 오랜 시간 관찰하면서 연구하였기 때문이지. 학원, 인터넷 강의, 과외에 의존하다가 패배자가 된 경우를 많이 보았어. 그리고 스스로 머리 쥐어뜯어 가며 공부하여 성공한 학생도 많이 보았지. 너의 어머니가 다른 방면에서는 선생님보다 현명하게 판단하실 수 있겠지만 공부법에서만큼은, 어떻게 공부해야 성적을 올릴 수 있을 것인지에 관해서는 선생님보다 부족하지 않을까? 선생님은 수천 명의 경험이 있지만, 어머니는 그런 경험이 없기 때문에.

시험장에서 문제 풀 때 그 누구의 도움도 받을 수 없다는 사실도 알아야 해. 시험장에서 혼자 해결해야 한다면 평소에 혼자 해결하는 훈련이 필요하다는 이야기야. 혼자서 문제와 씨름하는 경험만큼 중요한 일은 없어.

082

국어가 너무 어려워요
공부해도 그만큼 성적이 나오지 않아 고민이에요
특히 모의고사에서 문학, 비문학 부분이 어려워요

국어가 어렵다는 이야기를 많이 들어왔어. 상위권 아이들도 국어가 가장 어렵다고 아우성치지. 이런 학생들에게 반문하고 싶어. 국어 공부에 얼마만큼 시간과 에너지를 쏟았느냐고. 왜 국어 공부에는 시간을 적게 투자하면서 점수는 좋게 받으려 하냐고? 도둑심보 아니냐고? 수학 공부 시간의 반의반 시간 투자도 안 하면서 어렵다고 징징대고, 영어 공부 시간의 반절도 투자하지 않으면서 어렵고 힘들다며 짜증 내는 게 잘못 아니냐고?

세상이 공평하지 않다며 투덜대는 사람이 많지만 공평한 구석도 많아. 시간 투자에 대한 성적 향상도 그중 하나지. 대학입시에서 국어와 수학은 둘 다 상대 평가고 둘 다 9등급이야. 반영 비율도 대부분 대학이 비슷하지. 묻고 싶어. 그런데도 수학에는 왜 그렇게 많은 시간을 투자하는지? 국어에는 왜 시간 투자를 하지 않는지?

글을 읽고 의미를 빨리 파악해내는 능력이 성적을 좌우한다는 것은 알고 있지? 독해 능력이 중요하다는 것도 알고 있을 거야. 독해를 빠르고 정확하게 하는 데 필요한 것은 무엇일까? 그래. 어휘력이야. 그런데 영어 단어 숙어가 중요하다는 것은 알면서 국어 단어 숙어가 중요한 것은 모르더라. 영어 단어 숙어는 열심히 암기하면서 국어 단어 숙어 공부하는 사람은 없더라. 국어사전조차 펼쳐보지 않더라. 모르는 단어 만나도 그냥 지나쳐버리더라. 아무리 바빠도 바늘허리에 실 매어 쓰지 못한다고 하였잖아. 앞으로는 모르는 단어를 만나면 반드시 사전 찾아보면 좋겠어. 한자 사전까지 찾으면 더 좋고.

한 문장 한 문장 꼼꼼히 읽어야 해. 빨리빨리 읽는 훈련을 해야 한다고 하는 사람이 있는데 빨리빨리는 중요하지 않아. 꼼꼼하게 읽으면서 독해 실력을 키워놓으면 속도는 저절로 빨라지니까. 그리고 문제를 빨리 푸는 능력이 중요한 게 아니라 정확히 풀어서 정답을 맞히는 능력이 중요해. 두 마리 토끼를 잡으려 해서는 안 돼. 지금은 정확히 읽고 분석하고 해석하는 능력만 키우면 돼. 속도에는 신경 쓰지 말고. 그리고 지문 내용 파악도 중요하지만 출제자의 요구가 무엇인지, 선택지의 내용이 무엇인지를 아는 것도 중요하단다.

독서는 정말 중요해. 문학도 비문학도 어떤 지문이 나올지 아무도 모르잖아. 그동안 보지 못한 지문이 나올 확률 80퍼센트지. 교과서에 나오는 문학작품을 공부하면서 문학작품 감상 능력을 키워야 해. 작품 분석 능력과 이해 능력을 키워야 하지. 비문학 역시 어떤 내용의 글이 나올지라도 읽고 그 의미를 알아낼 수 있는 능력을 키워놓아야 하는 거야.

083

선택과목 중 무슨 과목을
선택해야 할지 고민입니다.

학생과 학부모 들의 모든 생각과 행동이 대학입시와 연결된 오늘 우리나라의 교육 현실이 매우 안타까워. 하고 싶은 공부, 좀 더 흥미 있는 공부, 대학 공부에 기초가 되는 공부, 인생을 어떻게 살아야 하는가 등에 관한 공부가 아니라 오직 대학입시만을 위한 공부가 잘못이라는 이야기야. 선택과목도 등급을 잘 받을 것 같은 과목을 선택하는 현실이 안타깝지.

특목고, 자사고에 입학하는 것이 중요한 게 아니라 특목고, 자사고에 가서 얼마만큼 공부하느냐가 중요한 것처럼, 명문대학에 들어가느냐 들어가지 못하느냐가 중요한 게 아니라 대학에서 무엇을 공부하고 얼마만큼 열심히 공부하느냐가 중요해. 그러하기에 관심이 가는 과목, 진학 예정 전공과 관련 있는 과목을 선택하는 것이 현명하다고 할 수 있지. 대학입시를 무시할 순 없지만 좋은 등급 받는 데만 초점을 맞춘 선택은 하지 않으면 좋겠어.

인터넷을 검색해보면 각 교과목에서 공부하는 내용이 나와 있어. 그것들을 살펴보면 어떤 과목을 선택해야 좋을지 판단할 수 있을 거야. 흥미를 불러일으키는 과목, 아는 즐거움을 줄 수 있는 과목이라면 열심히 하게 될 것이고, 열심히 하면 결과도 좋게 나올 것 같은데.

084

저는 이공계열을 가려는데
국어 공부가 중요할까요?

독일에서 공부하려면 먼저 무엇을 해야 할까? 독일어 실력을 키워야 하겠지. 독일에서 공부하려면 독일어에 대한 읽기 쓰기 말하기 듣기 능력은 기본 중 기본이야. 정치학을 공부하든, 음악을 공부하든, 심리학을 공부하든, 수학을 공부하든, 물리학을 공부하든 독일어를 읽고 쓸 줄 알아야 하고 독일어로 말하고 들을 줄도 알아야 해. 독일어로 쓰인 책을 읽어야 하고 독일어로 진행되는 강의를 들어야 해. 답안지를 독일어로 써야 하고 구술시험은 독일어로 말해야 하지.

언어는 도구야. 어떤 공부를 하든 우리나라에서 공부하려면 국어 실력이 필요해. 국어 실력이 없으면 지식을 받아들일 수 없고 지식을 표현할 수도 없어. 논문 읽는 능력도 국어 실력이 있어야 가능하고 논문 쓰는 능력도 국어 실력이 있어야 가능해. 국어는 지식 습득의 도구이면서 지식 표현의 도구이기도 해. 어떤 공부를 하든 국어 실력은 기초 중의 기초야. 국어 실력이 부족하면 그 어떤 공부도 할 수 없으니까.

085

국어 공부하는 방법을 모르겠어요.
다른 과목은 알겠는데 국어는 힘들어요.

"자식 기르는 법 배운 뒤에 시집가는 여자 없다"라는 속담이 있어. 상황에 맞닥뜨리게 되면 배우지 않아도 잘 해낼 수 있다는 이야기지. 미리 걱정할 필요 없다는 이야기고 일단 시작하면 방법을 스스로 알아낼 수 있다는 이야기이기도 해.

방법을 알고 시작하여 성취하는 방법도 있지만 일단 시작함으로써 방법을 알게 되는 경우가 더 많단다. 알아서 시작한 게 아니라 하다 보면 저절로 알게 되는 경우가 많아. 방법을 알아낸 후 시작하려다가 시작조차 못하는 경우가 많기도 하단다. 국어 공부, 별 것 아니야. 일단 책을 읽어. 책의 내용을 이해해. 중심 내용을 알아내고 글쓴이가 글을 쓴 목적이 무엇인가를 생각해봐. 책을 읽고 또 읽다 보면 글의 내용을 알아낼 수 있게 되고 실력을 쌓아갈 수 있게 되는 거야.

국어 시험은 글의 내용을 이해했는지 확인하는 일이야. 단어 숙어의 뜻을 알아내고 문장의 뜻을 알아내면 돼. 문단과 글 전체의 내용을 정리할 수 있고 글쓴이의 의도를 알아낼 수 있다면 어떤 문제가 나와도 답을 찾아낼 수 있지. 긴 문장은 수식어를 빼면 쉽게 이해할 수 있어. 주어, 서술어, 목적어, 보어가 무엇인지 알아낼 수 있다면 문장 이해는 어렵지 않아. 대부분의 문단은 중심 문장 하나와 뒷받침 문장 네댓 개로 이루어졌다는 사실까지 알면 더 좋겠지. 중심 문장들을 이어보면 글 전체의 내용도 쉽게 알아낼 수 있을 거야.

086

영어를 혼자 공부하려면
어떻게 해야 하나요?

국어도 그렇지만 영어 역시 독해가 가장 핵심이야. 듣기도 중요하고 문법도 중요하지만 듣기는 그다지 어렵지 않고 문법은 문제가 많지 않으니까 독해에 많은 시간과 노력을 투자하는 게 일반적이지. 독해는 읽고 해석하는 일이야. 영어로 된 글을 읽고 의미를 정확히 파악할 수만 있다면 영어 걱정을 하지 않아도 되는 거지.

단어 숙어가 기본이야. 그런데 단어 숙어를 정확하게 알아도 독해 능력이 없다면 단어 숙어 아는 것도 별 의미가 없어지지. 무슨 이야기를 하려는 것이냐고? 단어 숙어를 암기하지 말고 문장을 여러 번 읽어 외우다시피 하는 것이 낫다는 이야기를 하고 싶은 거야. 문장을 여러 번 읽게 되면 단어 숙어도 저절로 암기하게 되고 문장 독해 능력도 기를 수 있게 되어 일거양득할 수 있다는 이야기지. 영어 교과서 50번 읽기를 추천할게.

그리고 영어 자습서나 참고서에 영어로 된 글을 우리말로 해석한 부분 있지? 모의고사 해설지에도 본문을 해석한 글이 나오잖아. 영어를 우리말로 해석해놓은 글들을 보면 충분히 읽을 만한 가치를 지닌 좋은 글임을 알 수 있어. 우리말로 번역된 글을 읽는 것만으로도 훌륭한 독서가 된단다.

단어만 암기하려 하면 암기도 어렵고 짜증도 나는데, 영어로 된 글을 여러 번 읽게 되면 단어 숙어도 암기할 수 있고, 독해 실력도 키울 수 있을 뿐 아니라 지식과 지혜도 키울 수 있어. 일거양득이 아니라 일거삼득이지.

선생님은 지금 영어 공부를 잘하려면 영어로 된 글을 50번 읽으라고 이야기하였어. 시간이 많이 든다고? 그렇지 않아. 처음 읽으면서 해석할 때 40분 걸렸다면 두 번째는 30분, 세 번째는 20분, 네 번째는 10분, 다섯 번째는 5분, 그다음부터는 3분이 걸리고 열 번째에는 우리글을 읽는 속도로 읽을 수 있을 테니까.

087

국어 실력이 많이 부족합니다.
문제를 많이 풀어야 하나요?
아니면 국어 진도에 따라 교과서를 공부해야 하나요?

축구부가 훈련하는 것 봤지? 체력 훈련, 기본기 훈련을 많이 하지만 연습 경기는 거의 하지 않잖아. 선수 전체가 22명이 넘는데도 청백전은 일주일에 한 번 정도고 대부분은 기본기 훈련, 체력 훈련에 쏟잖아. 기본이 중요하다는 이야기이고 기본이 되어야 경기도 잘할 수 있다는 이야기야.

문제만 많이 푸는 공부로는 절대 실력을 키울 수 없어. 기초가 튼튼해야 하는 것은 공부에서도 마찬가지야. 선생님의 소원은 선생님이 쓴 글이 교과서에 실리는 것이야. 교과서에 실렸다는 것은 매우 좋은 글로 인정받았다는 이야기이고 내용뿐 아니라 형식도 모범으로 삼아야 할 글이라는 이야기니까. 교과서를 완전히 분석히여 철지히 아는 것이 가장 훌륭한 공부법이란다. 실력이 갖추어지면 어떤 문제도 풀 수 있으니까.

수학능력시험을 준비하고 싶다면 기출 문제를 철저히 다시 풀어보는 것이 좋아. 모의고사 치렀지? 그 문제의 지문을 철저히 분석한 다음에 문제를 또 철저히 분석해봐. 왜 ① ② ③ ④번은 정답이 될 수 없고 왜 ⑤번만이 정답이어야 하는지 누구에게라도 자신 있게 설명해줄 수 있을 정도까지 완벽하게 알아야 해. 한 번으로 부족해. 한 달 후에 또 한 번 풀어보아야 해. 3학년이 되면 모의고사 문제가 아닌 최근 5년간 출제된 실제 수능 문제를 풀어보고 부족한 점을 보충해야 해. 기출문제를 완벽하게 풀 수 있는 능력을 갖추었다면 1등급은 어렵지 않아. 문제를 많이 푸는 것보다 완벽하게 풀 줄 아는 능력이 중요하다는 것은 알고 있지? 국어 과목뿐 아니라 다른 과목도 마찬가지이고.

088

모의고사 국어 공부법이 궁금합니다. 비문학에서 긴 지문을 읽고 문제를 풀려고 하면 내용이 기억나지 않아 문제와 지문을 계속 왔다 갔다 하면서 시간이 많이 소요되는데 어떻게 해야 할까요?

지문만 열심히 읽고 문제와 선택지는 대충 읽는 경우가 많은데 이것은 잘못된 방식이야. 지문의 내용을 정확히 읽는 것도 중요하지만 문제를 정확히 이해하는 것, 출제자의 의도를 정확히 파악하는 일도 엄청 중요하기 때문이지. '보기'도 꼼꼼히 읽어야 하고.

각 단락은 두괄식인 경우가 많고 전체 글의 핵심은 마지막 단락에 있는 경우가 많아. 단락의 첫 문장을 정확히 읽어야 한다는 이야기이고 마지막 단락 역시 꼼꼼히 읽어야 한다는 이야기야.

상식이나 사실에 어긋나는 내용의 글은 지문으로 채택되지 않는다는 사실도 중요해. '윗글의 내용과 일치하지 않은 것은?'이라는 문제가 나왔는데, 선택지 ①번이 '우리나라는 민주공화국이 아니다'라면, 지문을 읽어보지 않아도, 또 ② ③ ④ ⑤번을 확인하지 않아도 정답은 무조건 ①번이라고 생각해야 한다는 이야기야. 독서량이 많은 학생이 좋은 점수를 얻는다고 이야기하는데 이것은 글을 빨리 읽고 올바르게 이해하는 능력이 있기 때문이기도 하지만 지식이 많기 때문이기도 한 거야.

089

영어 잘하는
방법 알려주세요

어휘가 중요해. 일상생활에서도 중요하고 일할 때도 중요하지만 공부할 때도 어휘는 엄청 중요해. 문법은 몰라도 말하기 듣기 쓰기 읽기가 가능하지만, 단어 숙어를 모르면 말하지도 듣지도 쓰지도 읽지도 못해. 그래서 영어를 공부하는 사람은 단어 숙어 공부를 기본으로 생각하고 중요하게 생각하는 거야.

암기해야 해. 암기하지 않으면 좋은 점수를 얻을 수 없어. 그런데 암기를 쉽게 하기 위해서도 먼저 이해해야 한다는 것 아니? 이해해야 쉽게 암기할 수 있고 암기한 내용도 오래 간직할 수 있어. 세상이 변화해가고 발전해감에 따라 새로운 단어가 만들어지곤 하는데 이를 신조어라 하지. 그런데 이 신조어는 아무렇게나 만들어지는 게 아니라 기존의 단어를 짜깁기한 것이 대부분이야. fast food는 fast와 food가 더해졌고 freshman은 fresh와 man이 더해졌으며 monorail은 mono와 rail이 더해졌어. 그러면 monodrama는 뭘까? mono와 drama가 더해졌으니 혼자서 하는 연극이겠지. raincoat, popcorn, handbag, handphone, football, basketball도 마찬가지야.

그렇다고 단어 실력이 곧 영어 실력인 것은 아니야. 국어책을 읽고 이해하는 정도의 실력을 갖추어야 해. 그러기 위해서는 최소 50번은 읽어야 하겠지? 읽으면서 의미를 이해할 수 있을 수준까지 이르려면. 처음 읽을 때는 해석도 제대로 되지 않고 시간이 오래 걸릴 거야. 하지만 읽고 또 읽다 보면 읽으면서 바로바로 해석도 되고 시간이 오래 걸리지 않게 돼. 반복해서 익히면 잘할 수 있게 된다는 이야기야.

090

한 과목 포기해도
대학 합격 가능한가요?

모든 과목을 잘하면 좋지만, 그게 어렵다면 한 과목 정도는 포기해도 괜찮아. 축구만 잘해도 훌륭한 운동선수고 탁구만 잘해도 훌륭한 운동선수잖아. 국어만 잘해도 박사가 되고 수학만 잘해도 박사가 되어 사람들에게 인정받는 것이 분명하잖아. 그렇다고 완전히 포기하는 것은 바람직하지 않아. 기본은 알아야 하니까. 대학입시와 관계없이 교양으로서의 지식은 가져야 하니까. 포기한 과목일지라도 수업시간만큼은 그 과목에 최선을 다해야 한다는 이야기야.

모든 영역 5등급인 A 학생과, 하나의 영역은 1등급이고 두 개의 영역은 2등급 그리고 하나의 영역은 8등급인 B 학생이 같은 학교 같은 학과에 지원하였을 때 누가 합격할까? A 학생 평균 등급은 5등급이고 B 학생의 평균 등급은 3.5등급이니까 B 학생이 합격하는 게 당연한 일이지. 하나를 포기해서 하나를 잃었지만 대신 두 개를 얻을 수 있다면 하나를 과감히 포기해도 된다는 이야기야.

091
수학 잘하는
방법 알려주세요.

수학은 실용적인 학문이기도 하지만 생각하는 힘을 기르기 위해서도 하는 공부야. 수학을 통해 논리적 사고력을 기를 수 있고 창의력을 신장시킬 수 있으며 사물의 구조를 보는 시야를 기를 수도 있으니까.

수학을 잘하고 싶다면 대충 생각하지 말고 깊이 생각해야 하고 잠깐 생각하지 말고 오래 생각해야 해. 상호라는 학생의 수학 성적은 항상 1등급이었어. 만점 받은 경우도 많았지. 비결이 무엇이냐는 질문에 해설지를 보지 않는다고 말했어. 안 풀리면 그냥 넘어가고 다른 문제를 풀었다고 했지. 그리고 다음 날에 전날 못 풀었던 문제를 다시 푼다고 했어. 풀리지 않으면 또 넘어갔고. 3일째 되는 날 또 낑낑대면서 풀고. 7일간 낑낑댄 문제도 있었대. 수능에서 1등급 받은 영주라는 학생은 풀었던 문제 중 어려웠던 문제는 일주일 후에 풀어보고 일주일 후에 또 풀어보곤 했대. 3학년 초에 5등급이었는데 수능에서 1등급을 받았던 철수라는 학생은 한 문제를 가지고 7시간 씨름한 적이 있었다고 이야기했어.

수학 공부는 인내심을 기르는 훈련일 수 있어. 머리에 쥐 나는 상황을 견뎌내지 않으면 잘할 수 없기 때문이고 때려치우고 싶은 마음을 이겨내지 않으면 좋은 결과를 가져올 수 없기 때문이지. 수학 잘하는 사람을 높게 평가할 수 있는 이유란다. 이런 시 읽어본 적 있니? 장석주 님의 「대추 한 알」이라는 시야. "저게 저절로 붉어질 리 없다. / 저 안에 태풍 몇 개. / 저 안에 천둥 몇 개, / 저 안에 벼락 몇 개." 수학 실력이 오르지 않는 이유가 뭔지 알려줄까? 풀리지 않는 문제를 가지고 이렇게 저렇게 고민해야 하는데, 어려운 문제를 만났을 때 고민하지 않고 선생님에게 물어보거나 곧바로 해설지를 보는 나쁜 습관 때문이야. 어려운 문제를 풀기 위해 땀 흘리는 과정에서 실력이 향상된다는 사실, 어려운 문제에 골똘히 집중하는 것이 학습 능률을 키워준다는 사실을 알아야 해.

PART 4

의지가 부족해요.
잡념 떨치고 싶어요.

092

공부해야겠다고 마음은 먹는데 작심삼일입니다.
유튜브를 보느라 공부를 안 하고,
공부할 때도 집중하지 못합니다.

왜 작심삼일이라는 말이 만들어졌을까? 작심삼일 하는 사람이 많기 때문이야. 작심삼일은 누구에게나 해당하는 말인 거지. 처음에는 열심히 하겠다고 다짐하지만 얼마 지나지 않아 처음의 각오가 흐지부지되는 게 사람의 마음이야. 성공과 실패의 차이는 작심삼일이냐 아니냐에 달려 있어. 초심을 잃지 말고 굳세게 밀고 나가야 목표에 도달할 수 있지. 성공하기 위해서 가장 필요한 것은 자신의 마음을 다스릴 줄 아는 능력, 포기하지 않는 의지란다.

인간은 달콤한 것을 좋아해. 요즈음 달콤함의 대표는 유튜브야. 달콤함은 순간의 기쁨을 주지만 건강에는 좋지 못해. 유튜브 역시 순간의 쾌감을 주지만 공부에는 나쁜 결과만 가져올 뿐이지. 뿌리를 잘라야 하고 근본 원인을 제거해야 해. 물건을 눈으로 보게 되면 욕심이 생긴다는 말이 뭐지? 그래. 견물생심(見物生心)이야. 가까운 곳에 있으면 물리치기 어렵지. 그렇기에 유혹하는 물건은 없애는 게 좋아. 핸드폰을 없애는 용기, 컴퓨터를 거실로 옮기는 용기가 필요한 거야.

집중력을 높이는 방법 중 하나는 잡념이 찾아올 때마다 자신의 실력을 테스트해보는 일이야. 일정 부분을 공부한 후, 읽은 내용을 책을 보지 않고 설명해보거나 백지에 써보는 것이 좋아. 공부가 안 된다는 이유로 책상 앞을 떠나거나 딴짓해서는 안 돼. 책상 앞에 앉아 있는 훈련은 공부의 시작이니까.

093

학교가 공부하는 곳이고 배우러 오는 장소라는 것은 아는데
저는 공부를 안 하고 싶고 앞으로도 안 할 것입니다. 그렇다면
저는 지금 학교를 계속 다녀야 하나요, 그만두어야 하나요?

　　학교가 공부하는 곳인 것은 맞지만 학교는 공부만 하는 장소는
아니야. 머지않아 나가게 될 사회를 경험하는 장소이기도 하지. 상
대방을 이해하고 돕는 연습을 하는 장소고 정정당당하게 경쟁하
는 장소이며 양보를 연습하는 장소이기도 해. 우정, 공경, 용서, 사
랑, 감사, 미움, 서운함, 미련 등의 정서를 경험하는 공간이기도 하
지. 운동하고 노래하며 아름다움을 감상하고 표현하는 장소이기
도 해. 체육 음악 미술 시간이 있음을 통해 확인할 수 있잖아. 학급
회의 시간도 있고 자치활동 시간도 있으며 동아리 시간도 있음을
통해 사회활동을 준비하는 장소임을 확인할 수 있을 거야. 공부만
하는 장소가 아니라 행복을 꿈꾸고 추억을 만들며 사회성을 기르
는 장소인 거야.

　　퇴직하면 좋을 것이라 기대가 많았는데 막상 퇴직하고 보니 삶

의 의욕이 떨어지고 무기력이 찾아오고 재미가 없어졌다고 하는 사람이 많아. 우울감을 호소하는 사람도 많지. 직장은 일하고 월급 받는 장소일 뿐 아니라 일을 통해 행복을 만드는 장소이기도 해. 축구선수가 축구장에서 공을 차지 않으면 짜증 나고 괴로운 것처럼 인간은 각자 자신의 일터에서 일하면서 행복을 추구하는 동물이야. 일해야 행복하고 공부해야 행복하다고 생각하면 좋을 것 같구나.

더불어 사는 것이 인간의 삶이야. 혼자서 살 수 없는 것은 아니지만 더불어 사는 것이 훨씬 재미있고 행복해. 더불어 살기 위해서는 더불어 사는 능력이 있어야 하는데 우리는 이것을 사회성이라 하지. 참는 능력을 키우고 배려하고 양보하는 능력도 키워야 해. 상대방을 존중하고 서로 돕고 나누는 마음을 길러야 하는데 이런 능력은 가정에서보다 학교에서 기르기 쉽지. 친구들과 함께한 이런 경험들은 사회생활에 중요한 바탕이 되는 거란다. 학교에 다녀야 하는 중요한 이유지. 선생님에게서뿐 아니라 친구나 선배 후배에게 배우는 것도 많다는 이야기야.

학교 다니지 않으면 어디에서 무엇을 할래? 종일 집에만 처박혀 있을 거야? 아니면 여기저기 쏘다닐 거야? 아니면 직장에 다니면서 돈을 벌래? 아무리 생각해도 현재 너에게 학교만큼 행복을 줄 수 있는 곳은 없어. 또래 친구와 함께 공부하고 놀고 꿈꾸는 것이 행복이고 해야 할 일을 열심히 하는 것이 행복이니까.

혼자 할 때는 어렵지만 함께 하면 쉬운 일이 많아. 지리산 천왕봉 등반도 그중 하나지. 지난번에 지리산 천왕봉 정상에 올라갔었지? 학교에 다니지 않았다면 올라갈 수 있었을까? 올라갈 수 없었어. 친구랑 함께 하니까 올라갈 수 있었던 거야. 부모님께서 가자고 했다면 따라나섰을까? 따라나서지 않을 아이가 열에 아홉일 거야. 학교 선생님이 가자 했고 친구들이 올라가니까 그 높은 곳을 올라간 거지. 천왕봉 정복은 학교의 힘이고 친구들 덕분인 게 분명해.

세상을 잘 살아가려면 인간을 이해할 줄 알아야 하고 사회에 적응할 능력도 키워야 해. 인간을 이해하는 능력을 키우기 위해서도 사회 적응 능력을 키우기 위해서도 학교는 다녀야 하는 거란다. 학교는 공부만 하는 곳이 절대 아니야. 공부하기는 싫어도 음악 미술 체육 시간은 즐겁잖아. 공부는 싫어도 현장체험학습 수학여행 체육대회 축제는 기다려지잖아. 쉬는 시간 점심시간, 하교 시간에 행복을 맛볼 수 있잖아. 행복을 누릴 수 있는 학교생활, 포기하지 않으면 좋겠어.

094

공부할 때 집중할 수 있는 시간이 점점 많아져야 하는데 저의 집중 시간은 너무 짧습니다. 남들은 집중해서 한 번 배운 것들을 빠른 속도로 터득하지만 저는 남들처럼 집중력이 좋지 못하여서 공부하는 것이 효율적이지 못합니다.

집중 시간이 짧아 고민이라고 했지? 그래. 그 고민 이해해. 그런데 남들은 집중해서 한 번 배운 것들을 빠른 속도로 터득한다는 생각은 잘못된 생각이야. 절대 그렇지 않거든. 다른 친구들도 너처럼 집중력이 부족하단다. 집중력이 좋은 아이들이 있는 것은 사실인데 선천적일 수도 있지만 대부분 사람은 노력으로 집중력을 키웠다는 사실을 알면 좋겠어.

집중력은 공부에서뿐 아니라 어떤 일에서든 매우 중요해. 집중력은 '모을 집(集)' '가운데 중(中)' '힘 력(力)'으로 가운데로 모으는 힘이야. 흩어진 힘을 한군데로 모으는 힘이지. 돋보기로 종이를 태우는 실험해본 적 있지? 흩어져 있으면 보잘것없지만 하나로 모으니까 엄청난 힘이 만들어지잖아. 사람의 능력도 마찬가지야. 힘을 한군데로 모으면 상상 이상의 것을 만들 수 있어.

자세가 중요해. 운동선수에게 자세가 중요한 것처럼 공부하는 사람에게도 자세가 중요하지. 똑바로 앉지 않으면 똑바로 공부할 수 없어. 반드시 책상 앞이어야 해. 책상 앞이 아닌 곳에서 공부해도 괜찮다는 생각은 버려주면 좋겠어. 허리를 곧게 펴고 앉아야 해. 등줄기를 위로 힘껏 펴야 하지. 어깨를 올린 채 5초 정도 있다가 털썩 내린 후 다시 5초 후에 어깨를 올리는 동작을 서너 차례 반복해. 그리고 공부하는 내내 의식적으로 허리를 편 상태를 유지하려고 노력해야 해. 처음에는 습관이 들지 않아 어색하겠지만 며칠 계속하다 보면 집중력이 향상된 자신을 발견할 수 있을 거야. 허리 펴고 곧게 앉는 자세가 왜 중요하냐고? 허리를 곧게 펴면 코로 깊이 숨을 쉴 수 있고 코로 깊이 숨을 쉬면 뇌의 열을 식혀주어 뇌 활동을 활발하게 만들기 때문이야.

독서대도 권하고 싶구나. 도서관에서 대학생들이나 어른들이 독서대에 책을 올려놓고 공부하는 모습을 보았을 거야. 책상 위에 펼쳐진 책을 읽으면 허리와 목을 구부려야 하지만 책을 독서대에 올려놓으면 허리와 목을 구부리지 않아도 되기 때문에 피로도 줄고 집중력도 높아지는 거란다. 처음에는 귀찮을 수 있어. 하지만 꾸준히 사용하면 피로감도 줄고 등골뼈나 목등뼈의 굽어짐도 방지하며 공부 효율도 높일 수 있어.

시험 볼 때 집중력이 커졌던 경험 있지? 그렇다면 공부할 때 중간중간 셀프 테스트를 하면 어떨까? 공부한 후, 백지 위에 방금 공부한 내용을 적어보는 거야. 처음에는 물론 적을 수 있는 내용이 별로 없을 거야. 다시 읽은 후 또 적어보려 하고 다시 한번 읽은 후 또 적어보려 하면 돼.

청량음료나 열량 높은 음식을 과다 섭취하면 집중력이 떨어진다는 것 알고 있니? 공부뿐 아니라 건강에도 청량음료와 고열량 음식이 좋지 않으니 가능한 먹지 않는 게 좋아. 세상 모든 일이 처음에는 어렵단다. 집중력도 마찬가지야. 집중력 부족하다고 한탄할 시간에 읽고 또 읽고 스스로 읽은 내용을 정리하다 보면 어느새 집중력이 높아진 자신을 발견할 수 있을 거야. 지금까지보다 중요한 것은 지금부터란다.

095

이전에 있었던 일을 돌이킬 수 없다는 것을 알긴 하지만 자꾸 생각이 나서 계속 후회하고 자책하고 아쉬워합니다. "과거는 과거다"라고 생각하면 일시적으로 나아지지만 잠시 후 다시 생각이 나서 스트레스를 받아 힘듭니다. 멘탈 관리법을 알려 주세요.

이이제이(以夷制夷)라는 말 들어보았니? '~로써 이(以)' '오랑캐 이(夷)' '제압할 제(制)' '오랑캐 이(夷)'로, 오랑캐로 오랑캐를 제압한다는 뜻이야. 어떤 원수를 이용하여 다른 원수를 제압한다는 뜻이지. 공부로써 과거의 좋지 않은 일을 제압하라는 이야기야. 힘들게 공부함으로써 과거의 나빴던 기억을 사라지게 만들라는 이야기지.

잡념이나 후회되는 일, 아쉬웠던 일을 억지로 잊으려 하면 더더욱 생각나고 괴로워지니까 열중할 그 어떤 다른 일을 찾아 열심히 하는 것이 과거의 좋지 않은 기억을 잊는 방법이 될 수 있다는 이야기야. 운동해도 좋고, 노래 불러도 좋으며 높은 산을 땀 흘리면서 올라보는 일도 좋지.

셀프 테스트도 좋은 방법이야. 교과서의 내용을 암기한 후 백지 위에 써본 후 확인해보는 거야. 책을 보지 않고 녹음하여 들어 보면서 부족함을 확인하는 방법도 괜찮지. 부족한 점을 보충하면 서 다시 암기한 후 셀프 테스트를 반복하는 것이 좋아.

096

연습 때는 잘 풀었던 수학 문제를 시험 볼 때는 머리가 백지가 된 것처럼 잘 풀지 못하고 막힙니다.

운전 실력이 뛰어난 사람은 처음 달리는 도로에서도 전혀 두렵지 않고 긴장하지도 않아. 시험지를 받아들 때마다 머리가 백지가되는 것은 실력 부족 때문인 경우가 많아. 초등학교 2학년 수학 문제를 풀 때는 긴장하지 않는 것을 통해 확인할 수 있을 거야. 실력을 키우면 머리가 백지가 되지 않는다는 이야기야. 긴장감을 없애는 가장 좋은 방법은 실력 키우기라는 것, 인정할 수 있겠니? 완벽하게 알아야 해. 대충 열 개를 아는 것보다 완벽하게 하나를 아는 것이 중요해. 완벽하게 알면 문제가 어떻게 변형될지라도 긴장하지 않게 돼. 실력을 갖추고 있으면 자신감이 생기고 자신감이 생기면 기분 좋게 문제를 풀 수 있어. 철저하고 완벽하게 알려는 노력이 필요한 거야.

상대평가야. 60점으로 1등급이 될 수 있고 90점으로 5등급이될 수 있지. 나만 어려운 게 아니라 남들도 어려우리라 생각하는 것이 좋아. 100점 맞아야 1등급이 되는 게 아니라 서너 문제 틀려도 1등급 맞을 수 있다고 생각하면 머리가 백지가 되지는 않을 것 같은데.

097

일찍 자고 일찍 일어나는 규칙적인 생활 방식을 가져야 한다고 생각하는데 실천하는 것이 생각보다 어려워서 고민입니다.

일찍 자고 일찍 일어나는 것. 학생뿐 아니라 모든 사람에게 이보다 중요한 일은 없어. 일찍 자고 일찍 일어나야만 정상적인 생활이 가능하고 효율도 높아지며 기대한 결과를 만들어낼 수 있기 때문이야. 충분히 먹어야 살 수 있고 원하는 일을 할 수 있는 것처럼 잠을 충분히 자야 일이든 공부든 잘 해낼 수 있는 거야. 얼마만큼이 충분한 거냐고? 7시간은 자야지. 너무 많은 것 아니냐고? 공부는 언제 하느냐고? 7시간을 자도 17시간 남잖아. 식사 시간 1시간 30분, 휴식 시간 1시간 30분을 빼도 14시간이 남고. 하루 14시간 공부도 많은 거야. 11시간만 공부해도 기대 이상의 결과를 만들 수 있으니까.

사람들이 실패하는 이유는 노력 부족 때문이 아니라 수면 부족 때문이라는 말이 있어. 수면 부족 상태에서는 어떤 경우에도 누구도 좋은 결과를 만들어낼 수 없어. 시속 10킬로미터로 17시간을 달리면 170킬로미터를 갈 수 있지만, 시속 70킬로미터로 8시간 달리면 560킬로미터를 갈 수 있어. 잠을 충분히 자서 맑은 정신으로 공부해야 공부 잘할 수 있다는 사실을 믿어주면 좋겠어.

어려울 것 같다고? 쉽지 않을 수 있지만 어렵지도 않아. 1시까지 잠을 자지 않는 것은 어렵지만 11시 30분 이전에 자는 것은 어려울 게 없잖아. 잠이 오지 않는다고? 낮에 졸지 않고 자지 않는다면 5분 안에 꿈나라로 갈 거야.

098

휴식이 필요한 것 아닙니까?
공부를 열심히 한 다음에 자기 전
한 시간 정도는 게임을 하고 놀아도 되는 것 아닌가요?

휴식이 필요한 것은 맞아. 놀기도 해야지. 그렇지만 잠자기 전에 게임을 하는 것은 절대 바람직하지 않아. 잠을 잘 때도 뇌가 활동하기 때문이야. 잠자기 직전에 보고 들은 내용은 잠자는 시간에 뇌에 저장된다고 해. 그러하기에 잠자기 직전에 무엇을 했느냐는 매우 중요하단다. 공부 열심히 하고서 게임을 하면 공부한 내용은 저장되지 않고 게임 내용만 저장되기 때문이야. 이것은 선생님의 생각이 아니라 뇌과학자들의 연구 결과란다.

그러면 언제 노느냐고? 토요일 일요일에 놀면 돼. 직장인들이 토요일 일요일에 휴식 취하고 노는 것처럼 학생들도 주말에 공부하지 말고 놀면 되는 거야.

099

스마트폰 사용을
너무 많이 해서 고민입니다.

스마트폰은 이름 그대로 똑똑한 물건이야. 이보다 더 훌륭한 친구는 없어. 모든 것을 알려주고 모든 일을 도와주며 외로움을 잊게 만드는 만능열쇠니까. 스마트폰이 우리의 삶을 지배하고 있는 이유이고 기꺼이 스마트폰의 노예가 되는 이유지. 약이 아무리 좋을지라도 부작용을 고민해야 하는 것처럼 아무리 스마트폰이 똑똑해서 우리를 편리하게 해주고 기쁨을 주더라도 스마트폰이 우리에게 주는 피해를 생각해야 해. 특히 청소년에게는.

청소년에게 스마트폰은 시간을 빼앗는 괴물이야. 시간이 소중한데, 그래서 아껴야 하는데 스마트폰이 24시간 우리 곁에 머무르면서 우리의 소중한 시간을 수시로 빼앗아가고 있어. 집중력도 방해하지.

스마트폰은 뇌 활동을 방해한나는 사실 알ㄴ 있니? 기셰도 계속 사용해야 성능이 좋아지는 것처럼 뇌도 많이 사용해주어야 활동을 잘하게 된단다. 그런데 뇌가 할 일을 스마트폰이 대신해주기 때문에 뇌의 활동이 죽어가고 있어. 선생님도 스마트폰이 없었을 때는 전화번호를 100개 정도 암기했는데 지금은 10개도 외우지 못하고 있어. 스마트폰이 기억력을 떨어뜨리고 있다는 증거지.

수업시간에 졸거나 자는 아이들이 많아. 스마트폰이 보급되기 이전에는 졸거나 자는 아이들이 거의 없었는데 지금 이렇게 많은 학생이 졸거나 자는 이유는 스마트폰이 우리의 취침 시간을 빼앗고 있기 때문이야. 스마트폰이 수면을 방해해서 졸게 만들고 할 일을 제대로 하지 못하게 만들며 피곤하게 만들고 있지.

독서의 중요성은 굳이 이야기할 필요가 없겠지. 옛날 서울 지하철에서는 신문이나 책을 읽는 사람들의 모습을 많이 볼 수 있었는데 언제부터인가 거의 찾아볼 수 없게 되었어. 책 대신 보는 것은 스마트폰이지. 스마트폰이 독서를 방해하여 삶의 질을 떨어뜨리고 있어. 시력을 떨어뜨리고 친구가 떠나게 만들기도 하지.

없으면 큰일 난다고? 불안하다고? 부모님과 연락해야 한다고? 목숨만큼 중요하고 필요하다고? 틀린 말 아니지만 옳은 말도 아니야. 부모님과 연락? 스마트폰 없었을 때도 아주 빠르게 연락할 수 있었어. 집에 일이 생기면 곧바로 담임선생님에게 연락이 올 거야. 없으면 안 된다는 말, 불안하다는 이야기, 부모님과 연락해야 한다는 말, 모두 비겁한 변명일 뿐이야.

'득실론(得失論)'을 이야기한 적 있지? '얻을 득(得)' '잃을 실(失)'로 얻는 것만 보지 말고 잃는 것도 보아야 한다는 이야기야. 손해는 보지 못하고 이익만 보는 어리석음에 대한 지적이지. 득점에만 신경 쓸 뿐 실점에는 신경 쓰지 않는 감독이 어리석은 감독인 것처럼 이익만 생각할 뿐 손해는 신경 쓰지 않는 사람도 어리석은 사람이야. 헛되이 보낸 시간이 언젠가 나에게 복수한다는 사실을 알면 좋겠어.

스마트폰, 일단 서너 달 동안 스마트폰 없이 살아본 다음에 스마트폰 없으면 정말로 안 되는지, 이익이 큰지 손해가 큰지 계산해 보면 좋겠어. 득보다 실이 크다면 고등학교 졸업 때까지만이라도 사용하지 않는 용기를 가져야 해. 내가 아는 교수님은 스마트폰이 삶을 좀먹는다고 생각하여 없애버렸다고 하였어. 스마트폰 없이도 활발하게 활동하고 있지.

100

시험이 끝나고 방학이 다가오는데 방학 동안 무언가 새로운 것에 도전해보고 싶다는 생각이 듭니다. 하지만 무엇을 도전해야 할지 도저히 찾지 못하겠습니다. 또 매일 똑같은 일상에서 어떻게 버틸 수 있을지 궁금합니다.

방학 동안에 새로운 것에 도전해보고 싶다는 용기에 박수를 보내고 싶구나. 방학에는 국어 영어 수학 과학 사회 공부 잠깐 밀쳐놓고 새로운 경험을 해보는 것도 좋아. 그런데 무엇을 해야 할지 잘 모르겠다고?

집 가까이에 있는 도서관에 가서 책을 읽으면 어떨까? 교과서나 참고서가 아니라 도서관에 있는 책. 책 속에서 할 일에 대한 힌트를 찾을 수 있을 거야. 책 한 권을 정독하는 것도 좋지만 할 일을 찾기 위해서라면 이 책 저 책을 읽는 것이 나을 수 있어. 목적 없이 시내 이곳저곳을 돌아다녀 보는 것도 괜찮아. 시내버스를 타고 한 번도 가보지 않은 곳을 둘러보는 것도 괜찮지.

새벽에 전통시장에 가보는 것도 추천하고 싶어. 생생한 삶의 현장에서 열심히 살아가는 사람들을 보면 적지 않은 깨달음을 얻을 수 있을 거야. 비닐하우스에 찾아가 일을 도와드리면서 대화를 나누다 보면 하루 만에 훌쩍 커진 자신을 발견할 수도 있지. 평소 만나고 싶은 사람을 만나는 것도 좋아. 자신이 하고 싶은 직업의 사람을 만나 그 일이 어떤 의미가 있고 자신과 잘 맞는지 맞지 않는지 알아보는 것도 좋단다. 먼저 전화로 시간을 정하고 찾아가면 반갑게 맞이해주고 친절하게 알려줄 거야. 멋진 학생이라고 칭찬하면서 맛있는 음식을 대접해줄지도 몰라. 자신이 전공하고 싶은 학과의 교수님을 찾아가는 것도 좋을 것 같네.

세상은 넓고 할 일은 많다는 사실을 깨닫는 것만으로 충분해. 열심히 살아가는 사람을 보면서 공부가 상대적으로 쉬운 일이라는 사실을 깨닫는 것도 소득이 될 수 있겠지.

노력은 구체적으로 어느 정도 해야
열심히 한다고 할 수 있나요?

잠을 줄여서 공부하는 것을 노력이라고 생각하는 사람이 많은데 잠을 줄여서 공부하는 것은 노력이 아니라 바보짓이야. 그러면 어떤 것이 노력이냐고? 학교 자율학습실이나 도서관에서 10시까지 버티고 앉아 있는 것이 노력이고, 하루 3시간 이상씩 혼자 공부하는 것이 노력이야. 한 시간에 쉬운 20문제를 푸는 게 노력이 아니라 어려운 한 문제를 가지고 3시간 씨름하는 게 노력이지.

쉬는 시간에 3분 복습하기가 노력이야. 쉬는 시간은 쉬어야 하는 것 아니냐고? 맞아. 쉬는 시간까지 공부하라는 선생님은 나쁜 선생님이지. 하지만 인간의 뇌는 공부한 직후부터 망각이 시작된다는 사실과 공부한 직후에 반복하면 오래 기억한다는 사실 때문에 선생님이 쉬는 시간에 공부하라고 이야기한 것이야. 대신 토요일이나 일요일에는 공부 10분도 안 하고 놀아도 된다고 이야기해 줄게.

독서가 수학능력시험에 도움이 된다는 것은 알고 있지? 토요일 일요일에 3시간 이상 책을 읽는 것도 노력이야. 하루 국어사전 한자사전 각 10번 이상 펼쳐보는 것도 노력이고. 영어에서만 단어 숙어가 중요한 게 아니라 국어 수학 사회 과학에서도 단어의 뜻을 아는 것은 매우 중요해. 단어의 뜻을 모르는데 어떻게 공부를 잘할 수 있으며 단어의 뜻이 헷갈리는데 어떻게 지식을 온전히 쌓을 수 있겠니?

모르면 배워야 한다고 생각하는 사람이 많은데 그렇지 않아. 배운다고 해서 지식이 쌓이지 않아. 그러면 어떻게 해야 지식을 쌓을 수 있냐고? 생각해야 지식을 쌓을 수 있어. 또 모르는 내용을 끝까지 스스로 알아내려 끙끙대야 지식을 쌓을 수 있지. 지식은 스스로 알아내겠다는 의지를 가지고 연구하고 고민했을 때 쌓이는 것이지 배운다고 쌓이는 것이 절대 아니야. 세상에 공짜는 없고 땀 흘리지 않고 얻을 수 있는 것도 없단다.

102

재능은 어느 정도 있어야
있다고 하는 걸까요?

재능, 필요해. 그리고 중요하지. 노력만으로 한계가 있거든. 하지만 아무리 뛰어난 재능을 가졌을지라도 노력이 없다면 그 재능도 아무 소용이 없어. 아무리 비싸고 고급스러운 자동차일지라도 연료가 없으면 달릴 수 없는 것과 같지. 재능과 노력이 합해졌을 때만 아름다운 결과물을 만들 수 있는 거야.

아무리 노력을 많이 해도 재능이 없다면 1등급은 불가능할 수 있어. 하지만 아무리 재주가 없을지라도 노력하면 2등급은 가능하단다. 재능, 타고났다면 좋은 일이지만 타고나지 못했을지라도 슬퍼하지 않아도 되는 이유야.

103

축구 잘하는 방법을 알려주세요. 힘든 운동을 잘 견뎌내고 이겨낼 방법을 알려주세요. 집중력 높이는 방법을 알려주세요. 좌절했을 때, 저 자신에 대한 믿음이 없을 때, 이겨내는 방법을 알려주세요. 친구들과 잘 지내는 방법을 알려주세요. SNS가 인생에 도움이 될까요? 슬럼프를 이겨내는 방법을 알려주세요.

기본기와 체력은 기본이겠지. 드리블, 패스, 슛 능력이 있어야 하고 90분을 뛸 힘이 있어야 축구 잘할 수 있어. 그런데 기본기와 체력은 다른 그 누구의 도움이나 가르침을 받는다고 잘할 수 있는 것이 아니야. 땀 흘리면서 반복하여 연습하는 방법 외에 다른 방법은 없어.

축구를 발로 하는 운동으로 생각하는 사람이 많은데 그렇지 않아. 축구는 머리로 하는 거야. 헤딩할 때 머리가 아니라 생각하는 머리. 동네 축구에서는 발로 하는 것 맞아. 하지만 프로에서는 발만으로는 부족해. 생각하는 축구를 해야 하지. 발재간이 아무리 뛰어나고 체력이 아무리 좋을지라도 생각하지 않는다면 훌륭한 선수로 성장할 수 없어.

힘든 운동을 이겨내기 위해서는 감사하는 마음을 가져야 해. 운동장에서 뛸 기회가 주어진 것에 대해 감사해야 하지. 이런저런 이유로 운동장에서 뛸 수 없었던 아픔을 떠올리는 것도 좋아. 텔레비전에 나오는 손흥민 김민재 이강인 선수의 얼굴에 자신의 얼굴을 바꿔 넣어보는 것도 좋아. 자기만의 연습 시간을 가져야 해. 체력 훈련은 물론 드리블과 슛 연습을 혼자 하는 시간을 가져야 하지. 혼자만의 연습 시간일 때만 실수에 대한 두려움 없이 이렇게 저렇게 마음껏 실험해보면서 실력을 키울 수 있거든. 드리블, 패스, 슛을 스스로 만족할 때까지 해보는 거야.

열심히 최선을 다하는 모습을 보여주어야 해. 감독님과 코치님들에게도 보여주어야 하지만 선배 후배 동료들에게도 보여주어야 해. 열심히 하는 친구에게 다가가고 싶고 열심히 하는 친구를 도와주고 싶은 것이 인간의 마음이기 때문이지. 친구가 힘들어 할 때 진심으로 다가가 위로해주는 것도, 친구 이야기에 귀 기울여 들어주는 것도 축구선수로서 지녀야 할 자세란다.

말이 많으면 실수가 잦을 수밖에 없고 괜한 오해를 불러오는 경우가 많으며 누군가에게는 서운함을 안겨줄 수 있어. 침묵은 금이고 웅변은 은이라는 이야기는 괜한 이야기가 아니야. SNS 사용은 신중해야 해. 단톡방에서의 대화는 더욱 그렇지. 오해받지 않도록 글자 한 자 한 자 신중하게 선택하는 게 좋아. 자랑하는 내용의 글은 올리지 말아야 하고 누군가 불편할 것 같은 내용의 글도 올리면 안 되지. SNS의 노예가 되지 않아야 해. 선생님은 SNS가 작은 기쁨, 큰 고통이라는 생각을 해보았어.

슬럼프 이겨내는 방법은 간단해. "이 또한 지나가리라" "다 지나갈 거야"라는 누군가의 말을 중얼거리기만 하면 돼. 겨울이 지나면 봄이 오듯이, 밤이 지나면 아침이 오듯이 슬럼프는 지나간다는 사실을 안다면 두려워할 필요가 없지. 열심히 땀 흘림으로 내일을 기약하는 방법도 있어.

독서와 영어공부를 권하고 싶어. 훌륭한 운동선수들은 대부분 책 읽기를 좋아했다는 걸 알고 있지? 독서를 통해 멘탈을 강하게 할 필요가 있어. 그리고 선수생활이 끝나면 지도자생활을 할 터인데 운동 실력만으로 훌륭한 지도자가 되기는 어려워. 인간을 이해할 수 있어야 하지. 인간에 대한 이해는 대화를 통해 터득할 수도 있지만, 독서를 통해 터득하는 것이 더 좋아. 그리고 해외 진출 가능성도 있지? 의사소통은 운동에서도 중요하니까 영어 실력은 갖춰두는 게 좋아. 경기장에서 소통할 실력, 인터뷰할 실력을 갖춘다면 더 멋진 선수가 될 수 있으니까.

104

제가 공부를 잘하고 싶은데, 그런 바람은 있는데 마음대로 실천이 안 돼요. 공부해야 잘할 수 있잖아요. 그런데 하기 싫은 생각만 들고 집중도 안 되고 딴생각만 들고 공부에 집중이 안 돼요. 공부도 못하는데 어른이 되어 다른 일도 할 수 없을 것 같아 무섭습니다. 고민입니다.

교사가 된 후 10년 동안 선생님은 공부 못하는 아이들은 세상을 어떻게 살아갈까 걱정을 많이 했단다. 올바른 사회인으로 살아갈지 걱정했고 결혼이나 할 수 있을지 걱정했지. 그런데 10년이 지난 후 내 걱정은 쓸데없었다는 사실을 깨달았어. 공부 못했던 아이들도 사회에 나가서 자기 역할 잘하면서 잘 살더라고. 멋진 배우자 만나 아이 낳고 알콩달콩한 모습을 SNS에서 가끔씩 확인하곤 하지.

주위 어른들이 어느 대학 나왔는지 조사해본 적 있니? 고등학교 때 성적 확인해보았니? 명문대 나온 분들은 행복하게 잘 살든? 지방대 나온 분들이나 대학 나오지 못한 분들은 고통스럽게 생활하든? 고등학교 성적과 행복이 비례 관계에 있든? 물론 고등학교 때 공부 잘했던 사람이 행복할 확률이 높은 건 인정해. 하지만 고등학교 때보다 대학에서 그리고 대학 졸업 후 최선을 다해 노력한 사람이 행복할 확률은 훨씬 더 높다는 사실을 선생님은 자주 확인하곤 한단다.

학창 시절에 공부 잘하지도 못했고 명문대 나오지도 않았으며 지극히 평범하였지만, 고등학교 졸업 후 열심히 노력하여 사람들의 부러움을 받는 선배들 많아. 이렇게 외쳐볼래? "지금까지가 아니라 지금부터야"라고.

105

너무 게을러서 고민입니다. 단지 몇 십 분의 여가를 참지 못하고 눕는 것이 일상이 되어버렸습니다. 단지 피곤하다는 이유, 귀찮다는 이유로 할 일을 미루면서 게을러져서는 안 된다는 것을 알면서도 누워버리는데, 어떻게 해야 하나요?

먹고 싶을지라도 먹을 것이 없다면 먹을 수 없어. 게임 하고 싶더라도 게임기가 없고 PC방에 갈 돈도 없으며 컴퓨터가 없다면 게임 할 수 없지. 의지도 중요하지만 환경도 중요해. 유혹하는 물건을 없애거나 환경을 바꿀 수 있는 용기가 필요하다는 이야기야.

가장 중요한 것은 집에서는 공부하지 않겠다는 자세야. 집에서 공부하겠다고 생각하니까 조금 피곤하다는 이유로, 친구들이 떠든다는 이유로, 샤워한 후에 공부하겠다고 중얼거리면서 가방 싸 들고 집으로 향하지. 그런데 막상 집에 도착하면 어떻게 되지? 눕게 되고 TV 보게 돼. 스마트폰 만지게 되고 침대에 누워버리게 되지. 수업이 끝난 후, 집에 가지 않고 학교에 남아 자율학습을 하거나 도서관에 가는 게 좋아. 습관을 들이기만 하면 10시까지 학교나 도서관에 머무르는 일은 어렵지 않을 거야. 집에서 공부가 안 되는 경험이 많았다면 학교 자습실이나 도서관에서 공부하는 것을 당연한 일로 받아들이면 좋겠어.

106

요즘 아무것도 하기 싫어서 거의 학원 갔다 오면 누워서 핸드폰을 보거나 그냥 아무것도 안 하고 있어요. 공부해야겠다는 생각이 드는데 실천하는 게 어려워요. 어떻게 해야 할까요?

그렇다면 학원에 가지 않는 게 해결 방법이네. 학원에 갔다 오면 피곤하다는 생각이 들고 또 학원에서 공부했으니까 더는 공부 안 해도 된다는 생각이 드는 게 인간의 마음이거든. 놀 자격이 생겼다는 생각으로 게으름을 피우게 된다는 이야기야. 그런데 사실은 학원에서 공부하지 않았거든. 선생님 강의만 들었거든. 강의 듣는 것은 공부 아니거든. 듣기만 했으면서 공부했다고 착각하게 되는 것이지.

집에서는 공부하지 않겠다고 생각하는 것도 괜찮은 방법이야. 집에서 공부하겠다는 생각을 하니까 집에 빨리 돌아오게 되는데 막상 집에 도착하면 공부 안 할 이런저런 핑계가 생기잖아. 만약 집에서는 공부하지 않기로 정하였다면 자습실이나 도서관에서 더 긴 시간 편안한 마음으로 있게 되니 학습량을 늘릴 수 있는 거야.

107

고민이 없어서 고민입니다. 평소 아무 생각이 없어서 흥미를 느끼는 활동이 없고 게임에 의존해서 삽니다. 평소 하는 게 없어 고민도 생기지 않고 생각할 게 없습니다.

'내기'라는 말 들어보았니? 어른들이 자주 하는 놀이인데, 운동이나 게임을 하기 전에 지는 사람이 밥이나 음료를 사도록 하는 약속이야. '내기'를 하는 것과 하지 않는 것의 차이는 엄청 크단다. '내기'를 하게 되면 더 긴장하게 되고 열심히 하겠다는 의욕이 열 배 이상 생기지.

목표를 세우는 것도 좋아. 추상적 목표가 아니라 구체적 목표, 한 달 후에 결과를 알 수 있는 목표가 아니라 오늘 결과를 확인할 수 있는 목표, 목표를 이루었을 때 점수를 주고 목표를 이루지 못했을 때 벌점을 주는 거야. 일주일 후에 점수를 계산하여 자기가 자기에게 상을 주거나 벌칙을 주면 돼. 부모님께 상을 주라고 부탁하거나 벌칙을 주라고 부탁해도 괜찮을 것 같구나.

부모님 전기문을 써보라고 권하고 싶어. 그러기 위해서는 먼저 부모님과 마주 앉아서 부모님의 이야기를 들어야 하겠지. 부모님 이야기를 듣고서 부모님의 삶을 알게 되면 부모님을 더 많이 이해하게 되고 부모님을 위해서라도 열심히 살아야겠다는 의욕이 생기지 않을까? 부모님을 이해하게 되면서 철이 들 거야. 지금보다 훨씬 멋지게 변한 자신을 발견할 수 있게 되지. 그리고 무슨 일에서든 최선을 다하게 될 거야.

108

공부해야겠다는 생각은 있는데 공부는 하기 싫고
공부만 하면 피곤하고 지루하고 졸립니다.
주변에서 공부하라고 하는데 싫습니다.

공부하기 싫은 것은 잘못이 아니야. 연예인이나 운동선수 하기
싫은 것이 잘못 아닌 것처럼 공부하기 싫은 것도 절대 잘못이 될
수 없지. 그런데 아무 일도 하지 않고 잠만 자거나 텔레비전만 보
거나 스마트폰만 만지작거리는 것은 잘못이야. 밥을 먹었으니까 밥
값을 해야 하기 때문이지. 어떤 일이든 괜찮아. 노래를 불러도 좋고
그림을 그려도 좋아. 바둑을 두든 기타를 치든 어떤 일이든 열심히
하는 게 좋아. 줄넘기를 잘해도 좋고 랩을 잘해도 좋으며 성대모사
를 잘해도 좋아.

그런데 그러한 일도 하기 싫거나 잘할 자신이 없다면 다시 공부
로 돌아오는 게 좋아. 공부로 평가받는 경우가 많기 때문이고 공부
가 가장 무난한 일이기 때문이며 가장 쉬운 일이 공부이기 때문이
야. 공부 열심히 한 것을 후회한 사람이 없기 때문이기도 해. 해야

만 하는 의무이기 때문이기도 하지.

선생님이 가장 후회하는 일이 뭔지 아니? 학창시절에 공부 소홀히 했던 일, 그리고 어른들의 경험을 무시하고 내 생각대로 행동했던 일이란다.

공부할 때 습관은 얼마큼 중요한가요?
나쁜 습관(게임, 핸드폰, 늦게 자기)은 어떻게 줄이고
좋은 습관(운동, 공부, 일찍 자기)으로 어떻게 바로잡나요?

선생님의 고등학교 시절 어느 일요일이었어. 친구 자취방을 찾아가 문 앞에서 이름을 불렀더니 문을 열어주는 대신 문을 열고 들어오라는 거야. 문을 열었더니 친구의 다리가 책상다리에 쇠사슬로 묶여 있었어. 자물쇠로 채워져 있었고 열쇠는 동생에게 가지고 가라 했대. 옆에는 요강이 놓여 있었지. 시골 고등학교에서 중간 이하 성적이었는데 지금은 인천 어떤 중학교의 멋진 교장 선생님이 되어 존경받고 있단다.

게임기를 없애면 되고 핸드폰을 없애면 돼. 어렵겠지만 용기를 내야지. 혼자서 어렵다면 다른 사람의 도움을 받는 것도 괜찮아. 운동하지 않고 공부하지 않고 일찍 자지 않으면 벌칙을 내려달라고 부탁하는 거야. 약속 지키지 않으면 동생이나 형에게 얼마를 주겠다고 약속하는 것도 방법이 될 수 있지.

게임중독에서 빠져나오는
방법을 말씀해주세요.

먹고 싶어도 먹을 게 없다면 먹을 수 없고, 자전거를 타고 싶어도 자전거가 없으면 탈 수 없어. 게임에서 빠져나오는 방법, 간단해. 없애면 돼. 스마트폰을 없애면 되고 게임기를 없애버리면 되고 컴퓨터를 없애버리면 돼. PC방에 갈 돈을 호주머니에 넣지 않으면 되지.

이런 방법은 어떨까? 친구에게 3만 원을 준 다음에 말하는 거야. "친구야. 오늘부터 한 달 동안 내가 게임을 하는 걸 보면 이 3만 원 나에게 주지 않아도 돼. 대신 게임을 한 번도 하지 않으면 네가 나에게 빵 한 개 사 줄 수 있겠니?"

III

인내심을 기르는
방법에 뭐가 있나요?

경험이 필요해. 인내심을 발휘하여 뭔가를 성취한 경험을 가지면 또 다른 일도 참아낼 수 있는 자신감이 생기게 될 거야. 그러면 또 다른 일에도 인내심을 발휘할 수 있게 되겠지. 지리산 천왕봉을 정복해보면 어떨까? 천왕봉이 어렵다면 가까운 곳의 산도 좋아. 산이 싫다면 길을 걷는 것도 괜찮아. 시내도 좋고 시외도 좋지. 누군가와 함께 걷는 것도 좋지만 혼자서 걷는 것도 괜찮아. 도전에 대한 성공은 자신감을 주고 그 자신감은 인내심을 키워줄 거야.

공부도 마찬가지야. 책상 앞에 앉아 있는 훈련부터 하는 게 좋아. 머릿속에 입력이 되든 되지 않든 무작정 읽는 거야. 소리 내어 읽어도 좋고 내용을 노트에 베끼면서 읽어도 좋아. 힘들고 짜증이 날지라도 포기하지 말고 자기가 정한 시간만큼 하면 돼. 책상 앞에 앉아 있는 습관이 들면 내용을 음미하면서 꼼꼼히 읽어야 해. 많이 읽는 게 중요한 것이 아니라 한 페이지를 읽을지라도 내용을 확실하게 아는 것이 중요해. 공부할 때는 분량을 정하는 것보다 시간을 정하는 것이 좋아. 분량을 정하면 빨리 끝내야겠다는 생각이 앞서서 대충대충 읽을 수 있기 때문이지. 무리하게 계획을 짜는 것은 좋지 않아. 휴식 시간이나 간식 먹을 시간을 주는 등 보상도 필요해. 이러한 보상은 자기가 자기에게 주는 칭찬과 격려가 될 수 있기 때문이지.

112

열심히 했는데 결과가 나오지 않으면
포기하는 게 맞나요?

첫술에 배부를 수 없어. 노력했음에도 결과가 나오지 않았다고 포기해버리는 것은 못난 사람들의 어리석은 선택일 뿐이야. 넘어 졌을 때 툴툴 털고 일어서는 사람만이 성공할 자격, 행복할 자격이 있는 사람이지.

포기하는 게 나은 경우가 있긴 하지만 공부만큼은 절대 포기해서는 안 돼. 세금 내는 일이 의무이고 건강한 남성의 군 복무가 의무이듯 학생들의 공부도 선택이 아닌 의무야. 어렵고 힘들고 싫다고 그만둘 일이 아닌 거야. 학생들에게 공부는 어떤 상황에서든 해야 하는 일이기 때문이지. 그리고 교실에서는 공부 말고 다른 할 일이 없잖아. 공부 대신 열심히 할 수 있는 일이 있다면 그것을 해도 괜찮지만, 교실에서는 공부하는 일 말고는 다른 할 일이 없어. 방과 후에 공부하지 않는 것은 선택이지만 수업시간에 공부하지 않는 것은 못난 사람들의 어리석음일 뿐이야.

첫술에 배부를 수 없고 처음부터 잘 해낼 수 없어. 꾸준함이 중요해. 꾸준함 없이는 어떤 일도 잘 해낼 수 없어. 운동도 음악도 미술도 꾸준함이 있어야 잘 해낼 수 있지. 직장생활을 할 때도 사업을 할 때도 승패를 결정하는 것은 꾸준함이야. 2023년 수능 만점자들도 만점의 비결이 뭐냐는 질문에 "꾸준함"이 비결이라고 이야기했어.

113

고난의 순간이 닥쳤을 때
극복 방안은 무엇인가요?

고난의 순간이 닥쳐왔을 때 이겨내려고 이렇게 저렇게 땀 흘리면서 돌파구를 찾는 방법도 있지만, 조용히 기다리는 방법도 있어. 조용히 기다리기만 했는데 문제가 해결되는 경우가 적지 않거든. 시간이 약이라는 말, 시간이 해결해준다는 말, 틀린 말 아니야. 포기하지 않고 기다리기만 하면 되는 거야. 전화위복(轉禍爲福)이라는 말 알지? '구를 전(轉)' '재앙 화(禍)' '될 위(爲)' '복 복(福)'으로 재앙이 굴러서 복이 된다는 이야기야. 나쁜 일이 좋은 결과를 가져오기도 하고 좋은 일이 나쁜 결과를 가져오기도 하는 것이 세상 이치라는 말이야.

새옹지마(塞翁之馬)도 같은 의미의 말이냐고? 그래. 맞아. 좋은 일이 나쁜 일로 변하기도 하고 나쁜 일이 좋은 일로 변하기도 한다는 뜻이지. 새옹지마가 왜 그런 뜻이냐고? '변방 새(塞)' '늙은이 옹(翁)' '어조사 지(之)' '말 마(馬)'야. 변방이 무슨 뜻이냐고? '국경 지방'

이야. 중국의 어떤 국경 지방에 한 노인이 살고 있었어. 어느 날 노인이 기르던 말이 국경을 넘어 오랑캐 땅으로 도망쳤지. 그러자 마을 사람들이 위로의 말을 전했어. 그러자 노인이 "이 일이 복이 될지 누가 압니까?"라고 했어. 몇 달 후, 도망쳤던 말이 다른 말 한 마리를 데리고 돌아왔어. 마을 사람들은 축하해주었지. 그러자 노인은 "이게 화가 될지 누가 압니까?"라고 하였어. 노인의 아들이 그 말을 타다가 말에서 떨어져 다리가 부러졌어. 마을 사람들이 위로하자 노인은 "이게 복이 될지도 모르는 일이오"라고 했어. 얼마 지나지 않아 오랑캐가 침략해 와서 마을의 젊은이들이 모두 전쟁터에 나가야 했지만, 노인의 아들은 다리가 부러진 까닭에 전쟁터에 나가지 않아도 되어 죽음을 피하였다는 이야기야. 눈앞에 벌어지는 결과에 연연하지 말라는 뜻이고 좋은 일과 나쁜 일은 변화가 많아서 예측하기 어렵다는 뜻이지. 고난이 닥쳐와도 웃으면서 좋을 날을 기다리면 좋겠어.

'펠레 스코어'라는 말 들어본 적 있니? 펠레가 "축구는 한 골 차 승부가 가장 재미있다. 그중 3 대 2 점수가 가장 이상적이다"라고 말한 데서 비롯된 말이야. 10 대 1로 이기면 관중에게도 재미없지만 선수에게도 재미없어. 시소게임일 때, 질 수도 있는 상황에서 어렵게 이겼을 때 기쁨이 크지. 고난을 즐기면 안 될까? 고난이 자신을 성숙시키고 즐거움까지 가져다준다고 생각하여 고난을 기쁜 마음으로 받아들이면 좋을 것 같은데. 고난이 발전의 원동력, 기쁨의 원천이 될 수 있다고 믿어주면 좋겠어.

조금도 고통을 주지 않는 것은 조금의 기쁨도 주지 못한다는 말이 있어. 맹자도 이런 말을 했지. "하늘이 장차 그 사람에게 큰일을 맡기려 할 때는 반드시 먼저 그의 마음과 뜻을 흔들어 고통스럽게 하고, 그 힘줄과 뼈를 굶주리게 하여 궁핍하게 만들어서 그가 하고자 하는 일을 흔들고 어지럽게 한다. 그것은 타고난 작고 못난 성품을 인내로써 담금질하여 하늘의 사명을 능히 감당할 만한 능력을 키워주기 위함이다."

집중력을 키울 방법은
무엇일까요?

집중력을 떨어뜨리는 가장 큰 장애물은 핸드폰이야. 핸드폰은 멀리 두는 것으로 충분하지 않아. 반드시 꺼놓아야 해. 저녁 식사 후 핸드폰을 끄고 아침에 일어나 핸드폰을 켜도록 해. 집중력 높아지고 숙면도 할 수 있어. 꺼진 핸드폰은 거실에 둬야 하겠지? 알람을 들어야 한다고? 자명종 시계를 구입하면 돼.

눈으로만 공부하지 말고 손까지 동원하여 공부하는 게 좋아. 읽은 내용을 쓰게 되면 집중력을 높일 수 있어. 엄마 아빠에게, 동생 형 누나에게, 또는 친구에게 이렇게 부탁하는 방법도 있지. "내가 지금부터 여기서 여기까지 암기할 테니까 30분 후에 테스트해줄래?"라고.

자기 방에서 공부할 때는 선생님 흉내를 내면서 소리 내어 읽는 방법도 추천하고 싶어. 소리 내어 읽을 때나 누군가에게 설명할 때는 잡념이 사라지고 집중력이 생기게 되는 법이니까.

친구나 엄마 아빠에게, 아니면 동생이나 형이나 누나에게 이렇게 부탁해보면 어떨까? "내가 지금부터 여기서 여기까지 암기할 테니까 30분 후에 테스트해줄래?"

115

공부하기 위해 의자에 앉아 있는 것이 힘든데 어떡하나요? 어떻게 하면 앉아 있는 시간이 길어질까요?

'지금까지 놀았으니 공부할 힘 많이 남아 있어. 남들은 공부하느라 힘 다 써버렸는데 나는 남아 있으니 이제부터 공부 잘할 수 있겠는데'라고 생각하면 좋지 않을까?

아직 늦지 않았어. 지금부터 해도 괜찮아. 책상 앞에 앉아 있는 습관부터 들이면 돼. 소설책 읽어도 좋고 만화책 읽어도 좋아. 소설책이나 만화책은 엉덩이를 무겁게 만들기도 하지만 세상을 알 수 있게 만들고 인간을 이해하도록 도와주지. 국어책 영어책 수학책만 좋은 책인 게 아니고, 소설책 만화책도 읽을 만한 가치가 있는 좋은 책이란다.

글을 써보는 것도 좋아. 수필이든 시든 소설이든 열심히 쓰다 보면 시간 가는 줄 모를 거야. 그림을 그리거나 무엇을 만드는 일도 괜찮지. 오랜 시간 책상 앞에 앉아 있는 자신을 발견하였다면 성공했다고 할 수 있어. 어떤 이유로든 책상 앞에 앉아 있는 시간이 길어졌다면 공부를 위해 책상 앞에 앉아 있는 시간도 길어질 수 있기 때문이야. 공부를 시작할 수 있는 준비가 되었다고 할 수 있는 거지. 천 리 길도 한 걸음부터라 했어. 첫술에 배부르지 않는다고도 했고.

116

머리로는 공부해야 한다는 것을 알지만
놀고 싶은 마음이 강하여 학원에 다니며
의무적으로 하지 않으면 놀아버릴 것 같습니다.

그럴 수 있지. 학원 가지 않으면 놀아버릴 것 같은 그 마음 백번 이해해. 그런데 학원에 가서 앉아 있다고 공부하는 것은 아님을 알아야 해. 학교에 남아 1시간 자율학습하는 것이 학원에서 4시간 수업받는 것보다 나을 수 있기 때문이야. 노래를 50번 듣는 것보다 10번 불러보는 것이 노래 실력 키우는 방법인 것과 같다고 할 수 있지. 학원에 가면 마음이 평화로울 수 있어. 공부하고 있다는 착각 때문이지. 그런데 알아야 해. 그렇게 되면 얻어지는 것이 거의 없다는 사실을. 그리고 학원에서 느끼는 평화로움 뒤에 시험 점수 적게 나오는 아픔이 있다는 사실도 알아야 해. 또 그런 수동적인 생활을 언제까지 계속할 것인데. 언제부터 자기의 삶을 자신의 힘으로 이끌어가는 인간이 될 것인데.

학원을 끊으면 놀 것 같다고? 그래도 지금 당장 그만두어야 해.

어차피 학원에서 머리 쓰지 않고 선생님의 강의 구경하면서 앉아 있으나 집에서 노는 것이나 결과는 같을 테니까. 학원에서 3시간 수업받는 것보다 학교에서 1시간 자기주도학습 하는 것이 좋은 결과를 가져올 테니까. 방과 후에 집으로 가지 말고 학교 야간자율학습실이나 도서관에 가서 밤 10시까지 공부하면 돼.

어려울 거라고 지레짐작하고 아예 하지 않는 것은 바보들의 행동이야. 해보지도 않고 안 되리라 생각하는 못난 생각, 버려주면 좋겠어.

117

공부는 잘하고 싶은데 의지가 부족합니다.
공부 의욕을 높이려면 어떻게 해야 하나요?

한꺼번에 전부를 잘하기는 힘드니까 하나를 정해서 그 하나를 열심히 하면 돼. 남들보다 시간을 많이 투자하고 열심히 하면 그것만큼은 잘하게 될 거야. 그 하나를 잘했을 때 생기는 자신감이 또 다른 것을 잘하게 만들고 그것이 자신을 성장시키는 원동력이 될 거야. 하나를 어떻게 잘할 수 있냐고? 시간을 투자하여 꾸준히 하기만 하면 잘할 수 있어.

견물생심(見物生心)이라 했어. 물건을 보면 욕심이 생긴다는 뜻이지. 세상을 모르니까 욕심이 생기지 않는 거야. 세상이 넓다는 것을 알면 의욕이 생길 수 있어. 그리고 할 일이 많다는 사실을 깨닫게 되면 공부하고자 하는 열망이 생길 수 있지. 어떻게 하면 세상이 넓은 줄 알 수 있냐고? 걷는 것을 추천해주고 싶어. 집에 돌아오지 못할 거라는 걱정 버리고 무작정 걸어봐. 잘 알고 있는 길을 걸어도 좋고 가보지 못했던 길을 걸어도 좋아. 시내를 걸어보고 동네

골목길도 걸어보고 시장도 걸어봐. 백화점도 가보고 전통시장도 가보고 번잡한 시내도 돌아다녀 봐. 시내버스를 타고 종점까지 갔다가 돌아오는 방법도 추천하고 싶어. 굶어보는 체험도 한 번쯤 필요할 것 같은데.

118

고등학생이 주말에 아르바이트하는 것에 대해
어떻게 생각하나요?

학교를 졸업하면 세상으로 나가야 하는데 그 세상을 미리 경험해보는 것은 필요한 일일 수 있어. 고등학생의 주말 아르바이트, 경험 쌓기로 한두 번 하는 것은 괜찮지만 용돈벌이를 목적으로 오랜 시간 하는 것은 바람직하지 않아.

지금 해야 할 일이 있기 때문이야. 지금 자신을 성장시키지 않으면 훗날 초라하고 작은 자신의 모습을 보면서 눈물 흘릴 수 있기 때문이야. 작은 이익을 욕심내다가 큰 것을 잃어버리는 것은 어리석음이니까.

부모님의 의사도 중요해. 아직은 부모님의 보호를 받기 때문에 부모님의 동의를 받아야 하는 것은 지극히 당연해. 부모님께서 반대하신다면 하지 않는 게 좋아. 부모님은 왜 반대하시냐고? 지금은 돈을 벌 때가 아니라 공부해야 할 때라고 생각하시기 때문이지. 작은 것 얻겠다는 욕심으로 큰 것을 잃어버려서는 안 된다고 생각하시기 때문이기도 해. 대학 입학 이후에도 기회는 많이 있다고 생각 하시기 때문이지.

119

공부할 때 생겨나는 잡념은
어떻게 하면 없앨 수 있을까요?

첫 문장을 읽는다. 책을 덮는다. 방금 읽은 내용을 써본다. 확인한다. 맞게 쓰지 못했다면 다시 한번 읽은 후 써보고, 맞게 썼다면 다음 문장으로 넘어간다. 마지막 문장까지 이렇게 한 다음에 문단 전체를 읽고 다시 한번 써본다.

종이가 아닌 녹음기를 이용하는 방법도 괜찮아. 방금 공부한 내용을 책을 보지 않고 녹음해본 다음에 책을 보면서 확인하는 거지. 셀프 테스트는 잡념을 없애는 좋은 방법임이 분명해. 혼자서 테스트할 수도 있고 친구나 부모님께 테스트를 부탁할 수도 있어.

120

공부해야겠다고 생각은 하는데
막상 공부를 시작하려면 의욕이 생기지 않아요.
어떻게 해야 의욕을 가질 수 있을까요?

축구선수가 패스 실수할 수 있어. 헛발질할 수도 있고 드리블하던 중 볼을 빼앗길 수도 있지. 칭찬받을 일 아니지만 그렇다고 비난받을 일도 아니야. 하지만 우두커니 서 있다거나 뛰지 않고 걸어다닌다거나 피곤하다면서 주저앉아 버린다면 이것은 용서받을 수 없어. 해야 할 일을 하지 않았기 때문이지.

사람은 자기에게 주어진 일을 해야만 하는 의무가 있어. 우리나라와 일본이 축구경기를 하더라도 버스 운전사는 버스를 운전해야 하고 군인은 경계 근무를 철저히 해야 하며 소방관은 화재 현장으로 달려가야 해. 맡은 바 임무이고 해야 할 일이기 때문이야.

학생도 직업이야. 학생에게 공부는 선택이 아닌 의무야. 의무를 다하지 않으면 비난받아 마땅해. 해도 되고 안 해도 된다는 생각을 버리고 해야만 한다고 생각하면 의욕이 생길 것 같은데.

121

습관적으로 게임을 하느라 공부를 안 하고 있습니다.
어떻게 해야 하나요?

김유신 장군이 자신이 타고 다니던 말의 목을 베었다는 일화, 알고 있지? 김유신 장군이 젊었을 때 술집에 자주 갔었는데 어머니에게 크게 꾸지람을 들은 후, 다시는 술집에 가지 않겠다고 다짐했어. 그런데 어느 날 자신이 무엇인가를 골똘히 생각하는 사이에 타고 있던 말이 술집 앞에 데려다준 거야. 김유신을 태운 말이 보통 때처럼 그 술집 앞에 멈춰 선 거지. 그러자 김유신은 그 자리에서 말의 목을 베어버렸어. 대단하지 않니? 이 정도의 단호함과 용기가 있어야 뭔가를 해낼 수 있는 거야. 잘못된 습관을 없애려면 자신의 말을 죽일 만큼의 결연함과 용기가 필요하다는 이야기지.

스마트폰이 공부를 방해한다는 사실은 인정하지? 스마트폰 만지는 시간이 하루 3시간 이상인 것도 인정할 수 있을 거야. 스마트폰을 떨쳐낼 수 있는 용기가 필요해. 스마트폰 없앨 용기도 없으면서 노력해도 점수가 나오지 않는다고 투덜거리는 것은 비만해질까

염려하면서 밤마다 기름진 야식을 먹는 것과 같은 못난이들의 행동일 뿐이야.

컴퓨터를 자신의 방에서 거실로 내놓아야 해. 인터넷 강의 들어야 한다고? 인터넷 강의가 공부에 도움 되지 않는다는 사실도 알아야 해. 인터넷 강사 선생님이 가르쳐준 내용 중 뇌에 저장되는 내용은 많아야 10퍼센트야. 듣는다고 알게 되는 것이 아님을 알아야 해. 또 인터넷 강의 듣겠다고 컴퓨터를 켜지만 인터넷 강의만 듣는 게 아니잖아. 이것저것 검색하게 되고 그러다 보면 공부를 제대로 할 수 없게 되잖아. 인터넷 강의 듣지 말고 책과 씨름하면 좋겠어.

꿈을 이루려면 자신과의 싸움에서 이겨야 한다는 것 알지? 자신을 이기기 위해서는 독해야 한다는 것도 알 거야. 독하다는 게 뭐냐고? 누구나 하는 것일지라도 과감히 포기할 줄 아는 것이란다.

PART 5

꿈이 없어요,
지금 정해야 하는 건가요?

122

진로를 정하지 못해서 고민입니다.
관심이 있는 것도 없고 잘하는 것도 없기 때문이지요.

가장 행복한 사람은 누굴까? 하고 싶은 일을 직업으로 하는 사람이야. 하고 싶은 일을 하면서 돈도 벌 수 있으니 이것이야말로 꿩 먹고 알 먹고지. 그런데 의외로 하고 싶은 일을 직업으로 하는 사람은 몇 명 되지 않아. 왜 그럴까? 너무 서둘러 정해버렸기 때문이고 누군가의 강요로 정하였기 때문이며 점수 따라 정했기 때문이야.

진로를 정하지 못해도 괜찮고 관심 있는 일이 없어도 괜찮아. 잘하는 일이 없어도 정말 괜찮지. 자연스럽게 하고 싶은 일이 찾아올 때까지 기다리는 게 좋아. 찾으려고 땀 흘린다 해서 찾아지는 것 아니기 때문이지. 대학 입학 원서 쓰기 전, 그 어느 날에 갑자기 하고 싶은 일이 찾아올 수 있기 때문이기도 해. 원서 쓰기 전에도 찾아오지 않으면 어떡하냐고? 그래도 그때 선택하는 것이 지금 선택하는 것보다 훨씬 나아.

선생님이 고3 담임하면서 보니까 고3 학기 초에 희망했던 학교 학과에 원서 쓰는 학생 별로 없더라. 점수가 모자라서 못 쓰기도 하고, 점수가 아까워서 다른 학과 쓰는 학생도 있었어. 지금 공부를 멈추고 진로에 대해 고민하는 것은 시간 낭비인 경우가 많아. 억지로 찾아내려 애쓸 시간에 책 읽고 실력 키우는 것이 현명함이야.

123

고민을 계속해도 마땅히 하고 싶은 직업이나 꿈이 없어요.
어떻게 하면 좋을까요?

초등학생 때 문구점 사장, 마트 사장, 제과점 사장, 선생님이 꿈이었던 이유는 그것이 자기가 아는 직업의 전부였기 때문이야. 우물 안의 개구리였던 거지. 열 사람 중에 마음에 드는 한 사람 고르는 일은 힘들어도 백 사람 중에 마음에 드는 한 사람 고르는 일은 어렵지 않을 거야. 또 고를 시간을 조금밖에 주지 않고 고르라 하면 고르기 어렵겠지만 고를 시간을 충분히 주고 고르라 하면 그다지 어렵지 않을 거야.

좀 더 공부해본 다음에, 좀 더 여기저기 돌아다녀 본 다음에, 좀 더 생각해본 다음에, 좀 더 세상을 안 다음에 골라도 절대 늦지 않아. 그리고 늦게 골라야 더 자기에게 맞는 것으로 고를 수 있어. 여행을 떠나는 방법도 있어. 멀리 떠나는 여행도 좋지만 자기가 사는 지역 여행, 일주일의 여행도 좋지만 당일 여행, 친구나 가족과 함께 하는 여행도 좋지만 혼자서 하는 여행. 이런 여행이 더 멋진 여행이고 이런 여행에서 더 많은 것을 얻을 수 있는 거야.

지금, 하고 싶은 직업이나 꿈이 없어도 괜찮아. 현재 학교 공부에 충실하고 친구들과 우정을 쌓으며 독서 열심히 하고 있다면 그것으로 충분해. 열심히 하루하루 생활하게 되면 어느 날 갑자기 하고 싶은 일이 너를 찾아올 거니까. 하고 싶은 일 없음은 걱정할 일 아니야. 실력 없음이 걱정할 일이지.

124

사람들에게 도움이 되는 일을 하고 싶어서 구급대원이라는 꿈을 키우고 있는데, 대학에서 실시하는 학과체험 행사에서 사람의 사체를 보았을 때 비위가 너무 약해서 헛구역질이 날 정도였습니다. 만약 구급대원이 된다면 그보다 더한 것들을 보게 될 것인데 제가 그 직업을 선택하는 게 맞을까요? 극복해보고 싶은데 어떤 방법이 있을까요?

처음 사체를 보고서 아무렇지 않은 사람이 있을까? 처음에는 누구나 불편하고 이상하고 헛구역질이 날 거야. 하지만 여러 번 보게 되면 괜찮아지는 거지. 수많은 의과대학 간호학과 응급구조학과 학생 중 사람의 사체를 보는 게 힘들어서 학교를 그만둔 사람은 거의 없어. 그래도 자신이 없다면 학과체험 행사에 서너 번 더 참석하여서 자신을 테스트해보는 게 좋을 것 같구나.

여러 번 사체를 보았음에도 헛구역질이 계속 난다면 구급대원의 꿈을 포기하고 다른 진로를 생각하는 게 맞아. 너의 적성에 맞고 네가 보람을 느끼며 할 수 있는 또 다른 일이 분명 있을 테니까. 빨리 찾겠다며 서두를 필요도 없어. 학교생활에 충실하다 보면 어느 날 문득 하고 싶은 일이 찾아올 것이니까. 중요한 건 실력이야. 실력이 있다면 하고 싶은 일을 할 수 있지만 실력이 없으면 하고 싶은 일을 만나도 할 수 없을 것이기 때문이야.

125

가고 싶은 대학이나 학과가 없습니다. 다른 친구들은 대부분
자신의 꿈이 있고 가고 싶은 대학이나 학과가 있는 것 같은데
저는 가고 싶은 대학도 공부하고 싶은 전공도 없습니다. 그렇
다고 학교 성적이 좋은 것도 아닙니다.

고1 때 정해놓았던 학과에 진학하는 학생은 몇 퍼센트쯤 될까?
모르긴 해도 15퍼센트도 되지 못할 거야. 가고 싶은 대학 학과를
정하는 것이 좋긴 하지만 정하지 못하였다 해서 걱정할 것까지는
없다는 이야기야.

학교 성적이야 지금부터라도 노력해서 올리면 돼. 늦었다고? 글
쎄, 명문대 가겠다고 욕심부리면 늦었다고 할 수 있겠지만 그렇지
않다면 아직 늦지 않았어. 그런데 명문대 입학은 사람들이 생각한
만큼 중요하지 않아. 명문대 입학을 욕심내지 않으면 좋겠어. 많은
사람이 그렇게 생각한다고 해서 그 말이 진리인 게 아니거든. 대중
은 현명할 수도 있지만 우매할 수도 있는 거란다.

명문대 입학은 절대 중요하지 않아. 너희들이 아는 범위에서 이

야기해볼게. 자사고 특목고에 가서 하위권에 머무르는 게 좋을까 일반고에 가서 최상위권에 있는 게 좋을까? 누가 봐도 일반고에서 최상위권에 있는 게 좋잖아. 마찬가지야. 서울에 있는 명문대 가려고 애쓰지 말고 지방에 있는 대학의 공부하고 싶은 학과에 가는 게 좋아. 용의 꼬리가 되려 하기보다는 뱀의 머리가 되려 노력하라는 말이 괜히 있는 말 아니란다.

중학교 성적이 아니라 고등학교 성적으로 대학을 가는 것처럼 고등학교 성적이 아니라 대학 성적으로, 대학 때 쌓은 실력으로 직장에 들어가고 그 실력으로 직장 업무를 처리하며 삶을 꾸려나가는 게 일반적이야.

126

꿈이 없어서
고민입니다.

무엇이 맛있는지 모르는 게 고민일까? 음식을 살 돈이 없는 게 고민일까? 어떤 여자를 사귀어야 좋은지 모르는 것이 고민일까? 여자에게 어필할 만한 나만의 매력을 가지지 못하고 있는 게 고민일까? 무슨 영화를 볼 것인가를 모르는 것이 고민일까? 영화 볼 돈이 없는 것이 고민일까?

꿈이 생겼을 때 그 꿈을 이룰 능력이 없어 울고 있을 자신의 모습을 상상해볼 필요가 있어. 꿈이 없는 걸 고민하지 말고 실력 없는 것을 고민하라는 이야기야. 선택도 알아야 할 수 있다는 것 알지? 어떤 직업이 있는지 알아야 선택도 할 수 있어. 공부하다 보면 자기가 무엇을 재미있어 하는지, 무엇을 잘할 자신이 있는지 알게 되어서 보다 나은 선택을 할 수 있지. 어떤 꿈을 가질 것인지 고민하지 말고 지금 당장 책을 펼치면 좋겠어.

127

수업시간에 엎드려 자거나
조는 친구들에게 해주실 수 있는 말이 있나요?

교실에서 가장 행복한 사람은 누구일까? 공부 열심히 하고 공부 잘하는 사람이야. 반대로 가장 불쌍한 사람은? 수업에 참여하지 않고 졸거나 엎드려 자는 사람이지. 수학을 이해하지 못하여 수학 시간에 소설 읽는 학생은 불쌍하게 보이지 않지만, 넋 놓고 있거나 억지로 잠을 청하는 학생은 아주 안쓰럽게 느껴진단다. 공부는 재미없는 일이라고? 그렇지 않아. 잘하지 못하니까 재미없는 거야. 실력이 조금 붙게 되면 재미있어질 거야. 세상일은 잘하기 전까지는 좀처럼 재미가 없다가 조금 할 줄 알게 되는 순간부터 재미있어지는 법이거든.

공부, 못해도 괜찮고 안 해도 괜찮아. 꼭 해야만 하는 것 아니고 잘해야만 하는 건 더더욱 아니야. 그런데 생각해보았니? 세상에서 가장 불쌍한 사람이 누구인지? 할 일 없는 사람이야. 물론 가난한 사람도 불쌍하고 죽도록 일만 하는 사람도 불쌍하고 돈만 밝히는 사람도 불쌍하지만, 이 사람들보다 조금 더 불쌍한 사람은 할 일 없어 빈둥대는 사람이야.

교실 밖에서는 공부 안 해도 괜찮지만 교실에서만큼은 공부해야 해. 미래의 행복이 아니라 현재의 행복을 위해, 시험 점수 잘 받을 수 있다는 행복이 아니라 알아가는 일에서 느끼는 행복을 위해 공부 열심히 하면 좋겠어. 알아두면 언젠가 유용하게 써먹을 수 있다는 생각을 하면서 선생님의 말씀에 귀 기울이면 좋겠어. 앎의 재미를 맛볼 수 있으면 좋겠어. 대학입시를 위해서가 아니라, 좋은 직장을 얻기 위해서가 아니라 앎의 기쁨을 맛보기 위해서 공부하면 정말 좋겠어.

128

고등학교 졸업을 앞둔 학생들에게
들려주고 싶은 말씀은 무엇인가요?

　고등학교 성적이 인생을 좌우한다는 이야기 많이 들었지? 진실일까 거짓일까? 거짓이야. 명문대 졸업했다고 사람들에게 인정받는 것 아니고 명문대학 나오지 않았다고 무시당하거나 불이익당하지도 않아. 인정받고 앞서가는 것은 능력 때문이고 좋은 인성 때문이며 성실함 때문이지 학벌 때문은 아니더라고. 학벌 때문이라고 말하는 사람은 실력 모자라고 인성 나쁘고 성실하지 못한 자신에 대한 변명일 뿐이야.

　직장에는 명문대 출신과 비명문대 출신이 함께 일을 해. 같은 일을 하고 같은 대우를 받지. 명문대 나왔다는 이유로 월급을 더 주는 회사는 없어. 지금까지는 학벌로 인한 차별이 조금 있었을지 모르지만, 앞으로는 조금도 없는 세상이 될 거야. 굳이 명문대 가야 할 이유가 없다는 이야기고 실력, 인성, 성실함이 중요하다는 이야기야. 중학교 때의 성적이 중요하지 않은 것처럼 고등학교 때의 성적 역시 큰 의미가 없어.

오해하지 않으면 좋겠어. 실력이 중요하지 않다는 이야기는 아니니까. 실력은 절대 중요해. 그런데 어떤 실력? 대학에서 쌓은 실력. 물론 대학에서 실력 쌓기 위해서는 고등학교 때 실력을 쌓아두어야 하겠지만.

129

꼭 '인서울'해야만
하는 건가요?

아니야. 아니야. 절대 절대 아니야. 선생님이 가장 듣기 싫은 말 중 하나가 '인서울'이야. 서울을 좋아하는 것도 이해할 수 없지만, 서울에 있는 대학을 좋아하는 것은 더욱 이해할 수 없어. 중요한 것은 자신의 마음가짐이고 노력인데 왜 서울에 있는 대학에 가야 한다고 생각하는지. 정보가 중요하다고? 인터넷 세상이야. 어떤 지식이나 정보도, 인터넷에서 다 구할 수 있는 세상이야. 서울에서 구할 수 있는 정보는 지방에서도 다 구할 수 있어.

서울에 있는 대학이 대단한 것 같지? 별거 아니야. 특목고와 자사고가 대단한 게 아닌 것과 마찬가지지. 만약 서울에 있는 대학에 간 사람이 성공했다면 서울에 있는 대학을 졸업했기 때문에 성공한 게 아니라 능력이 있었고, 노력했고, 포기하지 않았기 때문에 성공한 것이라고 이해해야 옳아. '인서울'과는 아무 관계가 없지.

대학은 공부하는 곳이야. 서울에 있는 대학에서 공부하는 것이 더 유리할 건 절대 없어. 특목고, 자사고 아니어도 원하는 대학에 갈 수 있는 것처럼 인서울 대학 아니어도 자기 뜻을 충분히 펼칠 수 있어. 사랑받느냐 사랑받지 못하느냐도 자기 하기 나름인 것처럼 공부 잘하고 못하고 역시 대학이 결정해주는 것이 아니라 자신이 얼마만큼 열심히 하느냐가 결정해주는 거야.

용의 꼬리보다 뱀의 머리가 낫다고 했어. 특목고나 자사고의 꼴찌보다 일반고의 상위권이 나은 것처럼 인서울 대학의 하위권보다 지방 대학의 상위권이 나아. 인서울이라는 바보들의 행진에 동참하지 않으면 좋겠어.

130

제가 무엇을 해야 할지 모르겠어요.
진로 방향을 어떻게 잡는 게 좋을까요?

옛날에는 중매로 결혼한 경우가 대부분이었다는 것 알지? 얼굴조차 보지 않고 결혼했는데 행복하게 결혼 생활을 한 경우가 많아. 인간은 적응하는 능력이 뛰어나다고 할 수 있지. 가고 싶었던 학과에 간 게 아니라 점수에 맞춰 대학에 갔는데 그것이 적성에 맞았고 직업이 되었다고 이야기하는 사람이 엄청 많아. 아닌 것 같지만 사실이야.

적성에 잘 맞을 것 같아 선택한 학과가 잘 맞지 않아 괴로워하는 대학생들도 많고, 전혀 생각해보지 못했던 학과에 점수 맞춰 갔는데 의외로 자신과 잘 맞아서 행복해하는 사람도 많아. 진로를 정하는 일이 중요한 일인 것 맞지만 공부를 중단하면서까지 고민하는 것은 어리석음이야. 공부하다 보면 어느 순간 진로가 잡힐 수 있으니 억지로 방향 잡으려 힘쓰지 않아도 돼.

하루가 다르게 변화해가는 세상이야. 지금 존재하는 직업이 대학 졸업할 때쯤 사라질 수 있고 지금은 생각하지도 못한 직업이 생겨날 수도 있어. 힘들여 정해놓았는데 어느 날 갑자기 사라져버리면 얼마나 황당할까? 지금은 없는 직업인데 그 직업이 자기 앞에 나타났고 자기가 그 일을 잘할 수 있다면 얼마나 크게 웃을 수 있을까? 미래의 일에 걱정하기보다 현재 주어진 일에 충실한 사람이 현명한 사람이란다.

131

진로를 어떻게 정해야 할지 감이 잡히지 않습니다,
진로를 하루빨리 정해야 유리한데 어떻게 해야 할까요?

진로를 하루빨리 정해야 유리하다고? 절대 그렇지 않아. 급하게 먹는 밥이 체한다고 했어. 부리나케 정하면 나쁜 결과를 가져오는 법이야. 그리고 설령 지금 진로를 정해도 실력이 부족하면 그 진로대로 갈 수 없잖아. 실력이 있어야 의대에 진학할 수 있는 거지, 의사가 되겠다는 꿈을 빨리 정했다고 의사가 되는 것 아니잖아. 진로는 노력이나 의지로 해결할 수 있는 문제가 아니야. 빨리 정할 필요 없어. 지금 해야 할 일은 실력을 키우는 일이야. 실력이 있어야 꿈을 이룰 수 있으니까.

132

꿈이 소방관인데 지금 대학입시를 위한 공부를 해야 할까요?
아니면 소방관 준비를 해야 할까요?

훌륭한 소방관이 되는 데 어느 대학을 졸업했는지는 전혀 중요
하지 않아. 소방관 시험에 합격하는 데 소방행정학과를 졸업하지 않
아도 돼. 아니 대학에 가지 않아도 훌륭한 소방관이 될 수 있어.

현재에 충실한 삶이 가장 멋지고 아름다운 삶이야. 지금 고등학
생이니까 고등학생 신분에 맞게 학교생활에 충실하고 학교 교육과
정에 충실한 것이 가장 바람직해. 지금 소방관 준비를 할 때가 아
니라는 이야기야. 지금 학교에서 공부하는 것들이 소방관 시험에
도움이 될 것이고 소방관이 되어서도 도움이 된다고 생각하는 게
좋아.

어차피 대학은 갈 것이고 원하는 대학에 가야 하잖아. 좋은 성
적으로 입학하게 되면 여러모로 좋지. 지금의 학교생활에 최선을
다하는 것이 행복한 대학 생활, 멋진 소방관이 되는 디딤돌이 된다
고 생각하면 좋겠어. 소방관 준비는 고등학교 졸업 후에 해도 절대

늦지 않아. '답게'가 중요해. 지금은 '고등학생답게' 소방관이 되어서는 '소방관답게'.

133

남들은 벌써 진로와 꿈을 정하고 그에 맞추어 다른 준비를 하는 것 같은데 저는 아직 꿈도 없고 그래서 미래를 위해 무엇을 준비해야 하는지도 모르겠습니다. 제가 잘하는 것이나 관심이 가는 것으로 꿈을 정하라는데 저는 제가 무엇을 잘하는지도 모르겠고 잘하는 것이 있는지도 모르겠으며 딱히 잘하는 것도 없어서 고민이에요

꿈이 없어도 괜찮다고 했잖아. 꿈이 있다면 좋겠지만 꿈이 없다고 해서 나쁠 건 조금도 없어. 고등학생 때의 꿈이 실제 자기 직업이 되는 경우는 많아야 15퍼센트 정도일 것 같던데. 앞으로는 더 적어질 수 있지. 지금 있는 직업이 없어지고 지금 없는 직업이 새로 생겨날 것이기 때문에.

어떤 직업을 가질 것인가보다 어떤 가치관을 가지고 살아갈 것인가를 고민하는 게 더 중요해. 잘하는 게 없다고? 당연하지. 60년을 살고도 잘하는 게 없을 수 있는데 겨우 16년, 17년 살고서 잘하는 게 있다면 그것이 오히려 이상하지. 너는 지금 고민하지 않아도 되는 일로 고민하는 거야. 시간을 낭비하고 에너지를 낭비하면서.

그냥 하루하루 주어진 일을 하면서 열심히 살면 돼. 하루하루의 노력이 모이면 저절로 꿈이 생기게 될 것이고 잘하는 것도 생기게 될 것이며 그것이 행복을 만들어낼 것이 분명하니까.

134

저는 미용이나 애견 미용을 하고 싶은데 무슨 학원에 다녀야 하는지 모르겠고 어떻게 해야 꿈을 이룰 수 있는지도 모르겠습니다. 대학교는 어디로 가야 하는지 자격증은 어떻게 따야 하는지 좀 막막합니다.

머리 손질하는 재주가 뛰어나다고 훌륭한 미용사가 되는 건 아니야. 머리 손질 재능은 기본이고 사람을 대하는 태도, 인간 존중의 마음, 타인에 대한 배려와 양보, 동물에 대한 이해가 더 중요할 수 있어. 학교에서 배우고 느끼는 모든 것이 미용이나 애견 미용에 도움이 된다고 할 수 있지.

미용 학원은 고등학교 졸업 후에 다녀도 늦지 않아. 굳이 지금부터 시작할 이유가 없지. 고등학교에서 배우고 경험하는 것들이 앞으로의 삶에 영향을 미친다는 것을 알고 학교생활에 충실하면 좋겠어. 공부에 충실하고 다양한 책을 읽으면서 우정까지 쌓아가면 좋겠어. 서두르지 말고 자신의 그릇을 키워가면 되는 거야.

꿈을 이루는 방법, 대학 진학, 자격증에 관한 궁금증은 인터넷에 잘 나와 있으니 어렵지 않게 알아낼 수 있어. 미용실이나 애견 미용실, 또는 대학 학과사무실에 전화하여 약속을 정한 후 직접 만나서 물어보는 방법도 괜찮아.

135

부정행위(시험 종료 후 답안 쓰기)로 수학이 0점인데, 정시로 가는 게 맞겠죠?

한 번 실수는 '병가지상사'라 했어. 누구에게나 늘 있는 일이라는 뜻이야. 자책하거나 괴로워하지 않으면 좋겠어. 얼떨결에 한 실수잖아. 병가지상사가 왜 늘 있는 일이라는 뜻이냐고? 병가는 '전쟁 병(兵)' '집 가(家)'로 전쟁하라는 집이라는 뜻이고, 상사는 '항상 상(常)' '일 사(事)'로 항상 있는 일이라는 뜻이야. 한 번 실수하는 것은 전쟁에서 흔히 있을 수 있는 일이라는 뜻이지. 실수는 누구라도 하는 것이기 때문에 괴로워할 필요가 없다는 이야기야.

좋은 대학에 가야만 하는 것 아니야. 사람들은 고등학교 때 공부가 인생을 좌우한다고 하지만 그 말은 거짓말이야. 이 거짓말을 진실이라 믿고서 명문대 입학이 곧 성공이라 생각하는 사람이 많은데 절대 그렇지 않아. 존경받는 사람 중에는 지방 사립대에서 공부한 사람도 적지 않아. 국회의원, 시장, 군수, 경찰청장, 법조인, 경영인, 의료인, 정치인 중에 비명문대 출신이 엄청 많지. 명문대 졸업

했지만 비난받으며 초라하게 사는 사람도 많고. 명문대 입학이 중요하지 않다는 이야기고 대학에서 열심히 공부해도 늦지 않다는 이야기야. 물론 사회적 출세가 꼭 바람직하지도 않지. 평범한 소시민으로 이웃과 더불어 알콩달콩 사는 삶이 더 멋진 삶일 수 있으니까.

고등학교 생활기록부에 반영되는 시험은 총 12번이야. 그중 한 과목에서 한 번의 0점은 그다지 크지 않아. 만회할 기회가 많이 남아 있지. 수시를 포기할 만큼은 아니야. 2차 고사를 잘 보면 이번 성적표도 4등급 가능하고 여섯 번의 성적표에 한 과목의 한 번 4등급은 크게 영향을 미치지 않아. 정시를 생각하는 것도 나쁜 선택은 아니고.

136

점수가 괜찮게 나온 과목도 있지만 몇몇 과목은 2등급이 나올 듯하여 조금 두렵습니다. 서울에 있는 의대 진학을 목표로 하고 있는데 전교 1, 2등만 갈 수 있다는 말을 들었습니다. 나름대로 열심히 하고 있는데 더 효율적으로 해야 할 것 같다는 생각입니다. 하지만 방법을 잘 모르겠습니다. 어떻게 해야 할까요?

서울에 있는 의대? 의대에 진학하겠다는 꿈은 응원할 수 있지만, 서울에 있는 의대라는 꿈은 응원하고 싶지 않구나. 대부분 사람이 그렇게 생각하니까 그것이 옳은 것 아니냐고? 다수결이 옳은 것 아니고, 많은 사람이 그렇게 생각한다고 그렇게 해야 하는 것도 아니야. 너나없이 '인서울' '인서울'을 이야기하는 오늘 우리의 현실에 선생님은 안타까움을 넘어 화까지 나는구나. 의사가 되기만 하면 되지 명문대 졸업 의사가 왜 중요하니? 환자의 아픔을 내 아픔으로 여겨 잘 치료해주기 위해 의대 가는 것 아니니? 서울에 있는 의대와 지방에 있는 의대는 어떤 차이가 있는데? 서울에 있는 의대에서 공부한 의사가 더 훌륭한 의사라고 선생님은 한 번도 생각해본 적 없는데. 서울에 있는 의대에 진학해야 한다는 생각은 버려주면 고맙겠다.

전교 1, 2등만 갈 수 있는 것도 아니야. 어떤 학교는 10명도 가고 어떤 학교는 한 명도 못 가잖아. 수시로 갈 수도 있고 정시로 갈 수도 있잖아. 수능시험 잘 보면 내신 6등급 7등급도 갈 수 있잖아. 학교 친구를 경쟁 상대로 삼지 말고 자기 자신을 경쟁 상대로 삼으면 좋겠어.

효율적인 공부는 정확하게 아는 공부야. 여러 가지 지식을 빨리빨리 쌓으려 하지 말고 하나의 지식일지라도 천천히 완전하게 자신의 것으로 만들려 노력하는 것이 좋아. 재주가 많다는 것은 온전한 재주가 없다는 이야기인 것처럼 많이 안다는 것은 제대로 아는 것이 없다는 이야기이니까. 효율적인 공부는 정확하게 아는 공부야. 좋은 점수를 얻고 싶다면 확실하게 알려고 노력해야 해. 오지선다형 문제에서 선택지 다섯 개 중 다섯 개를 다 알긴 아는데 어설피 알면 정답을 찾을 수 없지만, 네 개는 전혀 모르더라도 한 개를 정확히 알면 정답을 찾을 수 있는 문제도 적지 않아. '빨리빨리'보다 '정확하게'가 중요하다는 사실을 명심하면 좋겠구나.

137

진로를 정하지 않고 공부해도 괜찮을까요? 진로를 정하는 데 어려움이 있습니다. 저는 꿈이 확실치 않아 고민입니다. 이것도 하고 싶고 저것도 하고 싶은데 결정을 못하겠습니다. 저는 아직도 제 진로에 대해 잘 모르겠습니다. 어느 과를 가야 할지 잘 모르겠습니다. 남이 권해서 가는 것이 아니라 제가 선택해서 가야 하는데 제 적성을 아직 잘 모르겠습니다. 어떻게 해야 제 적성을 찾고 제 진로를 정할 수 있을까요?

세상일은 계획대로 되지 않아. 축구경기가 선수나 감독의 계획대로 전개되지 않는 것과 마찬가지지. 지금 상황에서 할 수 있는 가장 좋은 방법은 실력을 키우는 일이야. 실력이 있으면 어떤 상황에서도 대처할 수 있고 일을 풀어나갈 수 있기 때문이지.

멀리서 바라본 것이 진짜 모습은 아니야. 멀리서 볼 때는 아름다웠지만 사실은 별것 아닌 경우가 많고 멀리서 볼 때는 자신에게 맞는 것 같았지만 가까이 가서 확인해보면 전혀 맞지 않는 경우도 많아. 대학에 들어갈 실력을 쌓은 다음에, 대학에 들어가서 공부해본 다음에, 대학을 졸업할 시대 상황에 맞춰서 직업을 선택해도 늦지 않아. 공무원은 물론 기업체도 전공을 따지지 않는 경우가 훨씬 많거든. 특정 학과를 졸업한 사람에게만 기회를 주는 회사도 있지만, 전공을 따지지 않고 채용하는 회사도 많아. 지금 진로를 정하지 않아도 되는 진짜 이유야.

세상은 빠른 속도로 변하고 있어. 지금 있는 직업이 사라지기도 하고 지금 없는 직업이 많이 생기기도 할 거야. 시대 변화를 읽고 능동적으로 대처하는 지혜가 필요해. 어쨌든 지금은 진로를 고민해야 할 때가 아니라 미래 사회에 필요한 실력을 키워야 할 때야. 실력 없음이 문제지 진로 정하지 못함이 문제인 것 아니니까.

138

국어 1등급, 수학 2등급, 영어 1등급, 사회 1등급, 과학 1등급, 기가 2등급, 한문 2등급. 제 학기 최종 등급일 것 같습니다. 이 성적으로 전북대학교 의예과에 갈 수 있을까요?

그걸 알아서 뭐 하려고. 여섯 번의 성적표 중 겨우 첫 번째 성적표인데. 축구선수가 전반전 15분에 한 골 먹었다고 경기를 포기한다면 너는 그 축구선수에게 뭐라고 이야기해줄 건데. 그리고 그 점수로 가능하면 어떻게 하고 불가능하면 어떻게 할 것인데. 그런 것을 계산할 시간에 책 한 권 더 읽고 좋은 의사가 된 자신의 모습을 상상하는 것이 좋아. 가능하다면 공부하는 양을 줄이고 불가능하다면 밤새워 공부할 것도 아니잖아. 가능성이 있든 없든 가슴에 꿈을 품고 최선을 다하는 것이 맞아.

100미터 달리기 선수가 다른 선수가 지금 어디쯤 달리고 있나 힐끔거리는 것은 바람직하지 않아. 마찬가지야. 묻지도 말고 계산하지도 말고 따지지도 말고 최선을 다하는 것이 가장 현명해. 갈 수 있고 없고는 원서 쓸 때 따져도 늦지 않아. 가능하다는 믿음을 가지고 목표를 향해 열심히 웃으며 달리기만 하면 되는 거야.

　수시 모집만 있는 게 아니라 정시 모집도 있잖아. 뜻이 있다면 재수도 할 수 있는 것이고. 가능하냐 불가능하냐를 계산하는 것 자체가 어리석음이야.

139

저의 고민은 공부와 진로에 관한 것입니다. 시험 기간에도 공부하지 않아서 고민입니다. 요즘 뭘 해야 할지 모르겠습니다. 무엇을 위해서 공부하는지도 모르겠습니다.

친구 만나서 이야기 많이 하지. 한 시간은 기본이고 두 시간도 할 수 있을 거야. 친구 만나서 나눈 이야기, 준비된 이야기니 아니면 그 자리에서 생각난 이야기니? 준비된 이야기도 있겠지만 대부분의 이야기는 이야기하는 과정에서 생각난 것이잖아. 공부 어떻게 하냐고? 그냥 책 읽어나가면서 내용을 이해하면 되고 암기할 내용이라면 암기하면 돼. 질문에 대해 답을 찾으려 머리를 굴리면 되고 모르는 단어 만나면 사전이나 인터넷에서 검색하여 알아내면 돼. 시험 잘 보겠다는 생각을 버리고 하나씩 알아가는 즐거움을 찾아봐. 지적 쾌감을 맛볼 수 있어야 해. 지적 쾌감이 있으면 공부 효율이 높지만, 지적 쾌감이 없으면 공부 효율이 떨어지기 때문이야. 지적 쾌감을 느끼게 되면 공부가 재미있어지고 성적도 올라가며 행복도 느낄 수 있어. 친구에게 묻고 친구의 물음에 답하려 노력하는 과정에서 우정도 쌓을 수 있지.

무엇을 위해서 공부하는지 모르겠다고? 너의 미래를 위해서야. 수능 끝난 후 많은 수험생이 운전면허를 따겠다고 하지? 왜 운전면허를 따려고 할까? 자신의 행복을 위해서잖아. 언젠가 필요할 때가 있을 거라 예상하여 미리 준비해놓는 거잖아. 편리하기 위해서든 돈을 벌기 위해서든. 공부도 마찬가지야. 배워서 남 주는 게 아니야. 다 자신을 위해 사용하는 거야. 공부해두면 언젠가 어디선가 유용하게 잘 써먹을 수 있을 거라고 믿으면 돼.

어떤 사람이 가장 멋진 사람일까? 미친 사람이야. 열심히 자신에게 주어진 일을 하는 사람이지. 결과와 상관없이 자신이 해야 할 일에 최선을 다하는 사람이 가장 멋진 사람이면서 동시에 가장 행복한 사람이란다. 선생님이 '불광불급(不狂不及)' 이야기해준 적 있지? '아니 불(不)' '미칠 광(狂)' '미칠 급(及)'이라 했어. '미칠 광(狂)'의 '미치다'는 열광적이라는 뜻이고 '미칠 급(及)'의 '미치다'는 도달한다는 뜻이라고 했지. 미치지 않으면 미칠 수 없다는 뜻이야. 열정적이지 않으면 목표에 도달할 수 없다는 이야기지.

140

저는 아직도 뚜렷한 꿈이 없습니다.
뚜렷한 꿈을 가지려면 어떻게 해야 하나요?

꿈이 있다는 것은 좋은 일이지. 하지만 지금 꿈이 정해지지 못했어도 괜찮아. 꿈을 정해야 한다는 강박관념에 쫓겨 부리나케 정하면 정한 뒤에도 찜찜함이 남고 나중에 후회할 확률이 높기 때문이야. 또 많은 시간을 들여 꿈을 정해놓았는데 그 꿈을 포기하게 된다면 시간을 낭비하였다는 아쉬움과 신중하지 못하였다는 생각 때문에 괴로울 수 있기 때문이기도 해.

고3 담임을 아홉 번 했어. 어떤 학생이 어떤 대학에 진학하였는지 알고, 대학 졸업 후 어떤 직업을 가지고 살아가는지도 어느 정도 알고 있어. 고등학교 1학년 때의 꿈대로 사는 친구들이 별로 없음을 많이 확인하였어. 고등학교 입학 때의 꿈과 고3 때의 꿈이 다른 것도 많이 확인하였고, 심지어 고3 3월의 희망 학과와 실제 진학 학과가 다른 것도 많이 확인하였어. 생각이 바뀌었기 때문이기도 하지만 성적이 그 대학 그 학과에 진학할 만큼 나오지 않았기 때문이기도 했어. 초등학교 때부터 수의사를 꿈꾸었는데 성적이 나오지 않아 수의예과에 진학하지 못한 경우가 있었다는 이야기야. 이런 경우라면 고등학교 1학년 때 꿈을 찾으려던 노력이 시간 낭비에 불과한 것이었잖아.

세상은 엄청난 속도로 변하고 있어. 너희들이 직장을 갖게 될 7, 8년 후에는 지금 있는 직업이 상당히 사라질 것이고 지금 없는 직업이 엄청 많이 생겨날 거야. 지금 정해야 할 필요가 없는 또 하나의 이유지. 중요한 것은 실력 쌓는 일이야. 실력을 쌓게 되면 세상이 어떻게 변화해도 그 변화에 적응할 수 있고 새로운 일도 잘해낼 수 있어. 새로운 일에 대한 두려움도 이겨낼 수 있지. 꿈을 정하는 것보다 실력을 쌓는 일이 중요하다고 이야기하는 이유야.

꿈을 갖지 말라는 이야기가 절대 아니야. 꿈을 정하는 일은 열심히 공부할 동기를 주고 하루하루의 삶에 활력을 준다는 긍정적인 면도 있어. 다만 꿈이 없다고 슬퍼할 필요가 없다는 이야기이고, 꿈을 찾으려 시간과 에너지를 낭비할 필요가 없다는 이야기일 뿐이야. 위로의 말을 덧붙이자면 지금 대한민국의 중고등학생 중에는 꿈이 정해진 학생보다 꿈을 정하지 못한 학생들이 더 많아. 그리고 꿈을 정해놓긴 했지만 수시로 바뀌는 학생도 많지.

컴퓨터를 사는데 어떤 제품이 좋은지도 모르고, 조사해보지도 않고, 연구해보지도 않고 덜컥 사버리면 안 되잖아. 남들이 A 컴퓨터를 산다는 이유로 자신도 A 컴퓨터를 사면 후회할 확률이 높잖아. 성질 급한 사람은 손해 보는 경우가 많아. 서두르지 않는 게 좋아. 내가 꿈을 좇지 말고 꿈이 내 품 안으로 올 때까지 기다려주는 게 좋아.

141

대학은 꼭 한국에서
가야하나요?

한국에서 가지 않아도 돼. 아니, 대학을 가지 않아도 괜찮아. 대학에 가지 않아도 자기가 하고 싶은 일 하면서 행복하게 살 수 있어. 중고등학교를 공부하기 위해서만 다니는 것이 아닌 것과 마찬가지로 대학 역시 공부하기 위해서나 취업하기 위해서 다니는 것도 아니야.

실력 쌓는 일이 중요해. 지식을 쌓고 지혜를 키우려는 의지도 없고 욕심도 없다면 국내 대학이든 외국 대학이든 갈 필요가 없어. 전주 월드컵 경기장이냐, 서울 월드컵 경기장이냐, 토트넘 홋스퍼 경기장이냐가 중요한 게 아닌 것처럼 한국에 있는 대학이나 외국에 있는 대학이냐가 중요한 게 아니야. 열심히 공부하겠다는 의지가 있느냐 없느냐가 중요한 것이지.

뛰어나게 잘하지 않는다면, 한국에서는 할 수 없는 공부기 이니라면 외국 대학을 갈 이유는 없어. 우리나라 대학에서 하고 싶은 공부 충분히 할 수 있어. 외국 대학에서의 공부가 자기 발전에 크게 유리할 게 없다는 이야기야. 특히 요즘 같은 인터넷 시대에. 박사과정은 몰라도 석사과정까지의 공부는 우리나라에서도 충분해. 우리나라에서는 공부가 힘들지만 외국에서는 쉬울 것 같다고? 말도 안 되는 엉터리 생각이야. 외국 대학에서의 공부가 우리나라 대학에서의 공부보다 절대 쉬운 게 아니거든. 우리나라에서 못할지라도 외국 대학에 가면 잘할 수 있을 거라는 생각은 전주 월드컵 경기장에서는 공을 못 찰지라도 토트넘 홋스퍼 경기장에서는 공을 잘 찰 수 있을 거라는 이야기와 같아. 자기 합리화이고 착각이며 어리석음일 뿐이지.

142

공부가 인생의 전부가 아니라고 생각하는데
선생님은 어떻게 생각하시나요?

맞아. 옳은 이야기야. 공부가 인생의 전부가 아닌 건 분명해. 행복은 성적순이 아닌 것도 확실하지. 공부 안 하고도 존경받으며 행복하게 사는 사람 많고 공부 못하고도 많은 사람의 부러움을 받으며 멋지게 사는 사람도 많아. 너희들의 성공한 선배 중에도 고등학교 시절에 공부 못했던 선배들 적지 않거든.

그렇다고 차이가 없는 것은 아니야. 차이는 분명히 존재하지. 공부 못하는 아이들이 자기 뜻을 펼칠 수 있는 확률이 30퍼센트라면 공부 잘하는 아이들이 자기 뜻을 펼칠 수 있는 확률은 80퍼센트라고 말할 수 있어. 공부가 인생의 전부는 아니지만 공부가 인생에서 중요하다는 것은 부정할 수 없어. 이렇게 말한 사람도 있어. "공부 하나 제대로 해내지 못하면서 세상의 어려운 일을 어떻게 잘할 수 있겠니?"

공부가 인생의 전부가 아닌 것은 분명하지만 학생은 공부해야만 하는 것도 분명해. 학생에게 주어진 의무이기 때문이고 학창 시절에 쌓은 지식은 언제 어디선가 유용하게 사용할 수 있는 것이 분명하기 때문이야. 원하는 일을 하기 위한 조건이 되기 때문이고 쓸모 있는 사회 구성원이 되기 위한 조건이 되기도 하기 때문이지.

143

제 꿈은 제빵사입니다.
제빵 공부를 하면서 학교 공부까지 해야 하나요?
아니면 지금은 학교 공부에 집중하는 게 좋을까요?

때가 있다고 했어. 하루 중에도 일어날 때, 밥 먹을 때, 놀 때, 쉴 때, 잠잘 때가 있듯 인생에도 때가 있지. 초등학교 때 해야 할 일이 있고 고등학교 때 할 일이 있어. 제빵 공부, 빨리 시작하는 것이 나쁠 리 없지만, 굳이 빨리 시작해야 할 이유도 없어. 빨리 시작해서 이익이 되는 점, 하나도 없거든. 어차피 직업으로 빵을 만들기 시작하면 평생 빵 만드는 일을 하게 될 터인데 지금은 다른 일 하는 게 좋지 않을까?

지금 고등학생이니까 학교생활에 충실하고 교과 공부를 충실히 하는 게 좋아. 국어 영어 수학 공부 열심히 하라는 이야기가 아니라 독서 많이 하고, 친구랑 우정을 쌓고, 인간과 세상에 대해 이해하려 노력하라는 이야기야. 타인을 존중하고 생명을 소중히 여기는 능력, 더불어 사는 능력, 자기를 이해하고 발견하는 능력, 배려하고 양보하는 능력을 키우는 일이 지금 해야 할 일이라는 이야기지.

제빵 기술은 고등학교 졸업 후에 배워도 아무런 문제가 없어. 빨리 배워야만 맛있는 빵 만들 수 있는 것 아니야. 지금 배우지 않는다고 맛있는 빵 못 만드는 것도 아니지. 공부는 지금 아니면 할 기회가 없다고 생각하고 우정도 지금 아니면 쌓을 기회가 없다고 생각하면 좋겠어. 독서를 통해, 또 다양한 경험을 통해 인간을 이해하고 세상을 공부하면 좋겠어.

144

제가 좋아하는 취미가 뭔지는 알겠는데
잘하는 것이 무엇인지는 잘 모르겠어요.
잘하는 게 없는 것 같아요. 어떻게 하지요?

너희들 나이에 잘하는 게 없는 게 정상이야. 잘하는 게 있다면 그것이 오히려 이상하지. 그리고 고등학교는 사회인으로서의 자질을 키워나가는 과정이지 잘하는 일을 찾아 그것을 연습하는 과정이 아니야. 취미 삼아 이것저것 해보는 것도 좋아. 잘하는 게 없음이 칭찬받을 일은 아니지만 걱정할 일도 아니야.

잘하는 것이 무엇인지 몰라도 괜찮고 없어도 괜찮아. 다 그렇게 사는 거야. 대학 졸업 후에도 자신이 하고 싶은 직업을 선택하는 경우는 생각보다 많지 않아. 일할 기회를 주는 회사에서 일하는 경우가 대부분이지.

방송국 PD가 되고 싶었지만 방송국에서 뽑아주지 않아 회사원이 된 사람 엄청 많아. 기업체 시험에 응시하여 떨어졌는데 방송국 시험에는 합격하여 PD가 된 사람도 있지. 지금은 학교생활에 충실하면서 건전한 시민이 될 자질을 기를 때야. 무엇을 잘하는지 억지로 찾을 때가 아니고.

145

진로가 없는데 어떻게 해야 적성에 맞는 진로를 찾을 수 있을까요?

초등학교 1학년생의 판단력이 좋을까, 중학교 1학년생의 판단력이 좋을까? 중학교 2학년 때 훌륭한 사람이라고 선택한 사람이 훌륭할까, 고등학교 3학년 때 훌륭한 사람이라고 선택한 사람이 훌륭할까? 잠깐 생각하고 선택한 것에 후회가 적을까, 오래 생각한 다음에 선택한 것에 후회가 적을까? 진로에 대해 빨리 선택하려고 애쓸 이유가 없다는 결론을 내릴 수 있지?

진로 찾으려 땀 흘리지 않아도 괜찮아. 대학교 원서 쓸 때 마음에 와닿는 학과에 원서 넣으면 되고 대학에 가서 그 학과 공부 열심히 하면 돼. 고등학교 때 꿈을 확실하게 정한 친구는 별로 없어. 꿈을 정한 친구 중에 그 꿈대로 진학하는 친구도 많지 않아. 대학 졸업 후 전공에 맞지 않게 취업하는 친구도 많지. 인간은 적응력이 뛰어난 동물이야. 생각해보지도 않았던 학과에 진학하여 재미있게 공부하고 그 전공을 살려 일하는 사람, 적지 않아.

PART 6

행복해지고 싶은데
어떻게 해야 하나요?

146

요즘, 성 욕구에 대해 고민이 있고 성적에 대한 고민도 있습니다. 혈기 왕성한 시기에 집에 박혀, 또 스터디카페에 박혀 공부만 하고 있으니 외롭고 미칠 것 같습니다. 이성에 관한 관심으로 공부가 안 될 때가 너무 많습니다. 이럴 때 어떻게 해야 하나요?

고민이 많겠네. 둘 다 잘하고 싶은 마음, 여자친구도 사귀고 싶고 공부도 잘하고 싶은 마음, 선생님도 이해해. 그런데 이런 고민은 너만의 고민이 아니라 너희 또래 모두의 고민이라는 것 아니? 100퍼센트는 아닐지라도 90퍼센트 중·고등학생들의 고민이지.

두 가지를 다 잘하는 아이들이 없는 건 아니지만 1,000명 중 1명도 안 될 것 같은데. 그렇다면 선택은 둘 중 하나야. 연애와 공부 두 가지를 대충하는 방법이 하나고, 또 다른 하나는 지금은 공부를 열심히 하고 입시가 끝난 다음에 여자친구를 사귀어서 멋진 연애를 하는 것.

고등학교 시절에 연애하면 그 연애가 달콤하지만은 않아. 마음 한구석에는 공부해야 한다는 생각이 머물기 때문이지. 부모님을 비롯한 주변 사람들의 불편한 시선을 이겨내는 일도 쉽지 않아. 그리고 말이야. 연애는 네가 상상한 것만큼 달콤하지도 않아. 달콤하고 행복한 순간도 있겠지만, 어떻게 할까 고민해야 하고, 왜 그런 말을 했을까 후회하게 되는 경우가 많아. 어떻게 그럴 수 있느냐면서 서운하기도 하고 때로는 화가 솟구치기도 하지. 달콤함과 행복보다 갈등과 고통이 더 많은 게 연애야. 시간과 돈과 고뇌를 투자해야 하는 것은 기본이지.

한번 계산해볼래? 연애하면 이익이 클지 손해가 클지? 선생님이 너희들 선배들 보니까 학창시절에 연애하지 않았던 아이들이 졸업후에 더 멋지게 연애하면서 행복해하고 결혼도 일찍 잘하더라. 고등학교 시절에는 연애하지 말고 대학입시 끝난 후 연애하는 게 낫다는 이야기로 이해해줄 수 있겠니?

147

누군가를 좋아하게 되는 것은 자연스러운 현상인데, 학창시절의 연애는 어떻게 생각하나요?

누군가를 좋아한다는 것은 칭찬받아 마땅해. 하지만 때와 장소가 중요하지. 웃는 것은 좋은 일이지만 상대방이 슬퍼하거나 화가 나 있는 상태에서의 웃음은 좋지 않은 법이고, 공부가 중요하지만 부모님께서 응급실에 가야 할 상황에서 공부하는 것은 비난받아 마땅하잖아.

자동차 운전면허시험 응시 자격이 만 18세 이상인 것 알지? 왜 18세 미만은 안 될까? 판단력, 인지력, 대처 능력이 부족하기 때문이야. 경찰 조사에 따르면 실제로 18세 운전자의 교통사고 비율이 일반 운전자의 2배가 넘는다고 해. 18세가 되지 않은 청소년은 본인의 판단력이나 상황 대처 능력에 부족함이 없다고 생각하지만, 실제는 그렇지 않거든.

연애에서도 마찬가지야. 나이를 먹으면 감정 제어가 가능하지만, 청소년기에는 감정 제어가 쉽지 않단다. 그러기에 청소년기에 연애하면 모든 감정을 몽땅 쏟게 되어 공부나 다른 중요한 일을 못하게 되지. 감정 소모가 너무 커서 정작 중요한 일을 전혀 못하게 된다는 이야기야.

고등학생 때 우선순위는 공부야. 대학에서도 1, 2학년 때 연애하는 것은 좋지 않지. 연애하면 동아리 활동도 못하고 학과 친구들과 함께하는 프로그램에 참여하기도 힘들기 때문이야. 친구도 선후배도 사귀지 못한다면 이익보다 손해가 훨씬 크기 때문이지. 둘 다 열심히 하면 되는 것 아니냐고? 그러면 좋은데 쉬운 일이 아니야. 인간의 시간과 능력에는 한계가 있으니까.

148

여자친구 사귀고 싶어요.
고3 전에 이성 교제를 하려면 언제가 적절할까요?
학창시절의 이성 교제에 대해 어떻게 생각하세요?

『마시멜로 이야기』 알고 있지? 말랑말랑하고 달콤한 마시멜로를 먹지 않고 15분간 참아낸 아이들이 참지 못하고 먹어버린 아이들에 비해 훨씬 많이 성공하였고 훨씬 많이 행복하게 살더라는 이야기를 담은 책이잖아. 유혹을 뿌리칠 수 있고 순간의 달콤함을 참아낼 수 있다면 마시멜로를 하나 더 얻을 수 있는 것처럼, 지금의 즐거움을 내일로 미룰 줄 아는 사람에게 더 큰 행복과 성공이 기다리고 있다는 세상의 이치를 알려주는 책이지.

이성 친구 사귀고 싶지 않은 청소년이 있을까? 대부분 청소년은 이성 친구를 동경하고 사귀고 싶어 해. 하지만 현명한 학생은 오늘의 작은 고통을 이겨내야 내일 더 큰 기쁨을 맛볼 수 있다는 사실을 아는 까닭에 이성 교제를 대학 입학 후로 미루고 있지. 오늘도 중요하지만 내일이 더 중요하다는 사실을 알기 때문이란다.

지금 이성 교제를 시작하면 부모님께서 좋아하실까? 부모님과 갈등 있으면 공부가 제대로 될까? 여자친구 눈치 보아야 하고 부모님 눈치도 보아야 하고, 불안하고 긴장되고, 연락 주고받느라, 또 만나느라 시간 많이 낭비하고. 공부 제대로 할 수 없을 것 같은데……. 행복 하나에 고통 열이 될 것 같은데. 내일 100킬로그램을 얻기 위해 오늘 5킬로그램을 깨끗이 포기하는 것이 현명함일 것 같은데.

149

2달 후에 기념일인데
무슨 선물을 줄까요?

청소년에게 가장 중요하고 필요한 것은 책이야. 서점에 가서 좋은 책을 사서 선물해주는 게 좋아. 다 읽은 다음에 빌려달라고 부탁하면 더 좋을 것 같구나. 서로 읽은 다음에 데이트할 때 책 내용 가지고 이야기하면 금상첨화겠네. 서로 발전하면 좋잖아.

남들은 책 선물 안 하는 것 같다고? 그럴 수 있지. 하지만 남들 하는 대로 따라 하는 것보다 자신만의 생각, 자신만의 방법으로 살아가는 것이 멋진 일 아닌가? 모방해서 좋은 것은 모방하는 게 좋지만 때로는 자신의 스타일대로 하는 것이 더 멋진 일이 될 수 있는 거란다. 멋진 남자(여자)친구라고 칭찬받을 수 있을 것 같은데.

150

축구를 좋아하다 보니 많은 친구와 만날 기회가 있었습니다. 그러다 보니 언제부터인가 많은 친구와 친해져 있었지만, 마음이 너무 안 맞는 친구가 생겼습니다. 굳이 제가 이 친구와 친하게 지내야 할까요?

굳이 친하게 지내려 노력할 이유는 없어. 마음에 맞는 친구와 친하게 지내기에도 시간이 부족한데 굳이 마음에 맞지 않은 친구랑 함께 지내면서 불편함을 견디낼 이유는 없지. 사람과 친하게 지내는 일이 쉬운 일은 아니야. 돈도 시간도 에너지도 투자해야 하고 양보도 해야 하며 희생도 해야 하니까. 마음 맞는 친구와 친하게 지낼 시간도 부족한데 마음 맞지 않은 친구까지 친하게 지내려면 자기가 해야 할 일을 못할 수 있어. 그렇다고 미워하거나 무시하거나 차가운 눈으로 보라는 이야기는 절대 아니야. 어떤 방식으로든 비난해서는 더더욱 안 되지. 친하지 않더라도 존중은 해야 하고 피해를 주어서도 안 돼.

따뜻하게 대해주어야 해. 자기가 미워하면 상대방도 자기를 미워하게 되고 자기가 무시하면 상대방도 자기를 무시하게 되기 때문이지. 상대방이 자신을 미워하거나 무시한다는 사실을 알면 자기 마음도 괴롭잖아. 친한 친구 100명 있는 것보다 원수 1명 없는 것이 낫다고 했어. 어떤 이유로든 원수를 만들어서는 안 돼.

친구. 좋아. 그리고 또 필요해. 하지만 많을 필요는 없어. 마음에 맞는 서너 명의 친구와 진한 우정을 만들어가는 것은 좋지만 모든 사람을 친구로 삼으려 욕심내서는 안 돼. 불가능하기도 하지.

151

너무 화가 납니다. 못 참겠습니다. 한 친구는 계속 거짓말만 했고 한 친구는 약속을 여러 번 지키지 않았으며 한 친구는 박쥐처럼 이리저리 옮겨 다니며 혼자 착한 아이처럼 행동했습니다. 저는 직설적으로 강하게 '나쁜 X'이라고 말했습니다. 제가 잘못했나요? 제가 이런 친구들을 이해하고 참아야 할까요? 잘 모르겠습니다.

거짓말하고, 약속 지키지 않으며, 위선적인 친구들 있지. 이런 친구들을 보면 화나는 것 당연해. 하지만 친구를 향해 직설적으로 '나쁜 X'이라고 말한 것 또한 잘못된 행동이야. 친구가 먼저 때렸으니까 내가 때린 것은 잘못이 아니라고 말하는 어리석음과 같지.

학급 모든 친구가 그 친구를 나쁘다고 하면서 그 친구와 함께하기 싫다고 해도 그 친구를 나쁘다고 단정해서는 안 돼. 더구나 다른 친구들은 그 친구와 잘 지내는데 너만 그 친구와 어울리고 싶지 않다면 너에게도 문제가 있다고 생각해야 옳아. 정말로 그 친구가 나쁜지, 자신에게는 아무 문제가 없는지 고민해볼 필요가 있다는 이야기야.

인간은 누구나 그럴 수 있다고 생각하면 어떨까? 너도 거짓말하고 약속 지키지 않고 착한 척했던 적이 있을 것 같은데. 선생님도 그랬었지. 정도의 차이가 있을 뿐 그렇지 않은 인간은 별로 없어. 그럴 수 있다고 이해해주고 용서해주라는 이야기야. 맞은 사람은 발 뻗고 자지만 때린 사람은 웅크리고 잔다는 말이 있어. 나쁜 짓을 한 사람이나 피해를 준 사람은 늘 불안과 후회와 공포 속에 지낸다는 뜻이지. 거짓말하고, 약속 지키지 않고, 위선적인 친구를 불쌍하게 생각하면 어떨까? 가르치려 하거나 지적하려고 하면 상대방은 물론 자신도 힘들고 괴롭게 되어서 자기가 할 일을 못한다는 사실까지 알면 좋겠어. 누군가를 미워하는 일은 어리석음이야. 삐지면 삐진 사람만 손해고 미워하면 미워하는 사람만 손해이기도 하지.

152

필요한 말만 하고 싶은데 필요 없는 말을 해서 좋지 않은 상황이 벌어질 때가 많습니다. 어떻게 해야 할까요? 중학교 때부터 좋아하던 여학생이 있었습니다. 착하고 차분한 모습이 좋았는데 고등학교에 올라와서 연락하게 되었습니다. 그런데 그 친구가 비속어도 사용하고 차분하지 않을 때가 있어서 조금 정이 떨어졌습니다. 전 그 아이의 겉모습만 좋아한 것일까요? 그게 나쁜 건가요?

옷가게 앞을 지나다가 전시된 옷의 디자인이 마음에 들었어. 사려고 가게 안으로 들어가서 직접 만져보니 원단이 좋지 않고 박음질도 제대로 되지 않아 사지 않기로 했어. 잘못이 있을까, 없을까? 당연히 없지. 너는 잘못이 없어. 잘못이 있다면 비속어를 사용하고 차분하지 못한 그 여학생에게 잘못이 있는 것이지. 판단에 실수한 것은 잘못이지만 사귀고 싶은 마음이 없어진 것은 잘못이 아니야. 결혼한 것도 아니고 결혼을 약속한 것도 아닌데. 더구나 사건 지 오래된 것도 아닌데. 너랑 맞지 않는다고 생각되면 마음을 접으면 돼. 죄책감 느끼지 않아도 괜찮아.

결혼은 달라. 사귀다가 헤어지는 것이야 아무 문제 없지만, 결혼 후 헤어지는 것은 어떤 이유로든 잘못이야. 영원히 사랑하겠다는 약속을 지키지 못한 것이 되니까. 자녀가 있다면 더더욱 그렇지. 책임감 없는 행동이니까. 그래서 인간의 선택 중 가장 중요한 선택을 배우자 선택이라고 하는 거란다. 직업의 선택보다 가치관의 선택보다 중요한 선택이 배우자 선택인 이유는 이혼이 자신을 비롯하여 여러 사람에게 상처를 주기 때문이야.

이별은 마음 아픈 일이야. 이번 일을 교훈 삼아서 앞으로는 좀 더 신중하게 생각한 후에 선택하기를 바랄게. 값진 경험이었다고 생각하렴. 그런데 여자친구 사귀는 것, 2년만 미루면 안 될까? 공부를 잘하여서 원하는 대학에 가고 싶다면. 아무래도 여자친구 사귀다 보면 공부에 소홀할 수 있게 되니까.

153

엄마가 저희한테 독설을 자주 하고
제 의견을 거의 안 들어주시는데 어떡하나요?

친구와 헤어질 수 있고 선생님과도 헤어질 수 있어. 심지어 배우자와도 헤어질 수 있지. 하지만 부모와 자식은 어떤 경우에도 헤어질 수 없어. 내가 선택하지 않았지만, 영원히 함께해야만 하는 존재지. 엄마는 자신을 낳아주시고 길러주셨기 때문에 감사하고 존중해주어야만 하는 존재인 거야.

어머니께서 말씀을 함부로 하셔서 속상하구나. 친구의 엄마와 비교되기도 하겠지. 운명이라 생각하고 받아들이면 안 되겠니? 가난한 나라, 가난한 가정에서 태어난 것이 운명이어서 어찌할 수 없듯 독설을 쏟아내시는 엄마의 아들로 태어난 것도 운명으로 받아들여야 한다는 이야기야. 받아들이는 것 외에 다른 방법이 없으니까.

엄마에게 상처가 있을 수 있어. 엄마에게 신체적 장애가 있다면 아들인 네가 도와주고 보살펴주어야 하는 것처럼 엄마가 가지고 있는 엄마 마음의 상처도 네가 보듬고 감싸주어야 해. 아들이니까.

하늘이 맺어준 인연이니까. 끊으려 해도 끊을 수 없고 뿌리치려 해도 뿌리칠 수 없는 인연이니까. 어차피 언젠가 엄마의 보호자가 되어야 하는데 좀 빨리 보호자가 되었다고 생각하면 마음 아프지 않을 것 같은데.

의견을 안 들어준다고? 이 문제는 선생님이 답할 수 있는 문제는 아닌 것 같구나. 어떤 상황에서 어떤 문제를 들어주지 않는지 알지 못한 채 이야기할 수는 없으니까. 네 말도 들어보고 어머니 말도 들어본 후 평가해야 올바른 평가가 될 수 있으니까. 다만 세상을 너보다 많이 사셨기 때문에, 많은 경험이 있기에 너보다 현명하시리라 생각하면 안 되겠니? 밥이나 빵을 사 준 친구에게 져주는 것처럼 네가 엄마가 해주신 밥을 먹고 엄마가 사 주신 옷을 입고 엄마가 제공해주시는 방에서 잠자니까 엄마에게 져주고 양보해주는 것도 괜찮을 것 같은데.

154

강아지 키우고 싶은데
엄마가 반대해요.

강아지, 예쁘고 귀엽지. 그런데 항상 예쁘고 귀엽기만 할까? 강아지 때문에 얻게 되는 즐거움도 있겠지만 강아지 때문에 겪어야 할 고통도 많아. 똥오줌 받아내야지, 목욕시켜주어야지, 산책시켜주어야지. 사료비도 만만치 않아. 거기다 아프기라도 하면? 함께 아파해야 하고 병원에 데리고 가야 하는 등 강아지 키우기가 만만한 일이 결코 아니야. 버려진 애완견, 애완묘가 많다는 이야기 들어보았잖아. 애완동물 키우기가 쉬운 일 아니라는 이야기잖아.

더구나 네가 공부한다고 돌보지 못하면 키우고 돌보는 고통은 모두 엄마 아빠 차지가 되겠지. 너 잠깐 기쁘겠다고 엄마 아빠를 힘들게 하면 안 되는 것 아닌가? 너 한 몸 돌보는 것도 부모님께는 부담일 텐데 강아지까지 키우라는 것은 자식으로서 해서는 안 되는 일이야.

정말 키우고 싶다면 네가 오롯이 강아지를 감당할 수 있을 때,

강아지에게 미안하지 않을 상황이 되었을 때, 강아지와 이별할 때까지 책임질 자신이 있을 때 키우는 게 좋아.

155

친구가 없어서
고민입니다.

친구는 가족만큼 중요한 존재지. 특히 청소년기에는 더더욱 그래. 친구가 없어 고민하는 너의 마음 충분히 이해해. 그렇다고 아무나 친구 할 수는 없잖아. 맞는 구석이 있어야 하고 자기가 좋아하는 만큼 자기를 좋아해줄 수 있어야 친구가 되는 거지. 그런데 도시락 싸 들고 어디에 좋은 친구가 있을까 두리번거린다고 친구 만날 수 있는 건 아니야. 그러면 어떻게 해야 친구를 사귈 수 있냐고? 성실한 자세로 열심히 공부하는 모습 보이고, 반 아이들에게 따뜻한 미소 지으며, 양보하고 배려하는 모습을 보이면 누군가가 너에게 다가와 친구 하자고 할 것 같은데.

선생님이 2학년 때 담임을 맡았던 너희들의 선배가 있었어. 처음 상담할 때 자기는 시골 중학교를 졸업하였기에 친구가 없고 성적도 중간 이하라면서 눈물을 보였어. 학교생활이 재미없다고 하였지. 자기를 아는 친구는 1학년 같은 반 친구밖에 없고 친한 친구는 한 명도 없다고 하였어. 자기 이름을 아는 선생님도 1학년 담임선생님뿐이라면서 매우 힘들어 했지. 공부를 열심히 하다 보면 친구가 생길 것이라 말해주었더니 고개를 끄덕여주었어. 공부에 관해 물어보면서 다가가고 친구가 잘 모르는 것 같으면 친절하게 알려주라고 하였지. 공부 열심히 하게 되면 자연스럽게 친구가 생길 수 있다고도 이야기해주었어. 다음 날부터 열심히 공부하면서 친구에게 다가가는 모습을 보여주더라고. 이후에 그 학생에게 친구들이 생기기 시작하였고 매일 행복해 보였어. 성적도 서서히 올라서 교대에 합격하였단다. 지금 훌륭한 선생님이 되어 있지.

자신의 이익만 챙기면 친했던 친구도 도망친다는 것 아니? 베풀 줄 알고 져줄 줄 알며 양보할 줄 알아야 친구가 모이는 거야. 열심히 공부하면서 적극적으로 친구에게 다가가면 우정을 지속시킬 수 있고 행복할 수 있단다.

156

여자친구 사귀는
방법 알려주세요

남자는 예쁜 여자를 좋아하지만, 여자는 능력 있는 남자를 좋아해. 능력을 길러놓으면 가만히 있어도 너랑 사귀고 싶다는 여자가 엄청 많이 나타난다는 이야기야. 능력이 없다면 네가 아무리 애걸복걸해도 그 어떤 여자도 너랑 사귀자고 하지 않겠지. 여자친구 사귀고 싶다면 실력을 키워야 해. 공부를 열심히 하면 여자친구를 사귈 수 있다는 이야기야.

157

부모님과 갈등이 많은데
어떻게 해결해야 하나요?

십인십색(十人十色)이라는 말 알지? 열 사람이 있으면 열 가지 색깔이 있다는 뜻. 사람마다 생김새, 생각, 좋아하는 것, 예뻐하는 것 등이 제각각이라는 이야기. 부모 자식이라 해서 크게 다르지 않아. 자식이라 해도 부모의 겉모습 일부분은 닮지만 생각까지 닮지는 않거든. 생각이 서로 다르다는 이야기야.

'다름'이 '틀림'은 아니야. 자기의 생각과 다르다 해서 틀렸다고 비난하면 안 돼. 자신이 틀릴 수 있기 때문이기도 하지만 부모님이기 때문이야. 자식은 부모님의 잘잘못을 따져선 안 돼. 존중해야 할 존재이고 이겨서는 안 되는 존재야. 낳아주신 분이고 키워주신 분이며 가르쳐주신 분이기 때문이지.

가장 좋은 방법은 갈등을 만들지 않는 일이야. 그리고 나를 가장 사랑하는 사람은 부모님이라고 생각하는 일이지. 자기의 생각과 다를지라도 '부모님으로서는 그렇게 생각하는 게 당연해' '다른 부모님들도 대부분 그렇게 말씀하실 거야. '부모의 마음은 다 그럴 거야.' '다 나를 위해서 하시는 말씀이야.' '내가 아직 부모가 되어보지 않아서 나는 아직 부모의 마음을 몰라'라고 생각하는 게 가장 지혜로운 거야.

158

고등학교 때 연애,
어떻게 생각하세요.

사랑, 연애. 좋지. 사랑, 할 수 있다면 해야지. 그러나 모든 일에는 때가 있는 것이고 해야 하는 상황, 해서는 안 되는 상황이 있는 거란다. 고등학교 시절의 연애는 얻는 것보다 잃는 게 더 많아. 진즉부터 사귀어왔다면 고등학생이라는 이유로 헤어질 필요까지는 없지만, 지금 연애를 시작할까 고민하고 있다면 미루라고 말해주고 싶어.

인간의 능력에는 한계가 있어. 공부와 연애 두 가지를 함께 잘하기가 쉽지 않지. 대학생에게도 쉽지 않은데 고등학생에게는 더더욱 쉽지 않아. 감정의 절제가 쉽지 않기 때문이지. 또 대학생의 연애는 부모님과 주위 사람들로부터 눈총을 받지 않지만, 고등학교 때의 연애는 눈총을 받기 때문에 마음이 매우 불편할 수 있어. 스스로 떳떳하다고 느끼지 못하는 상황, 마음껏 연애를 즐길 수도 없는 상황, 제약이 많은 상황은 기쁨보다는 고통을 줄 확률이 높지.

연애하고 싶은 마음, 이해는 할 수 있어. 인간적으로는 권하고 싶기도 해. 하지만 고등학교 때는 아니야. 지금까지 사귀어왔다면 공부에 방해되지 않고 부모님이 걱정하지 않을 정도의 사귐은 괜찮을 수 있지만, 지금 연애를 할까 말까를 고민하는 상황이라면 대학생이 될 때까지 미루라고 권하고 싶어.

159

전학 가고 싶은데
어떻게 할까요?

현재 상황이 마땅치 않고 좀 더 잘해보고 싶은 욕심은 있다는 말이지? 상황을 바꾸면 좋은 결과를 얻을 수 있을 거라는 생각. 새롭게 시작하고 싶은 마음. 그 생각 그 마음 충분히 이해할 수 있어. 환경이 바뀌면 마음도 바뀌게 되고 그러면 더 나은 결과를 만들 수 있으니까.

전학을 통해 좋은 결과를 만들 수도 있지만 나쁜 결과를 만드는 경우가 더 많은 것 같더구나. 사람은 누구나 낯선 상황에 대한 불안감을 지니고 살아가는데 청소년기에는 더더욱 그렇지. '물고기도 저 놀던 물이 좋다'라는 속담 알지? 평소에 낯익은 제 고향이나 익숙한 환경이 좋다는 이야기잖아.

전학이 중요한 게 아니라 마음이 바뀌고 행동이 바뀌는 게 중요해. 전학 가더라도 마음이 바뀌지 않고 행동이 바뀌지 않는다면 성적도 인간관계도 좋아질 리 없는 것이고, 전학 가지 않더라도 마음이 바뀌고 행동이 바뀌면 성적도 인간관계도 좋아질 것이기 때문이야. 이사하는 데 돈도 에너지도 시간도 정신적 에너지도 많이 소비되는 것처럼, 전학 가는 데도 여러 가지 손실이 발생하는 거야.

전학 가는 것보다 우리 학교에서 자신을 변화시키는 노력을 하면 좋겠어. 환경을 바꾸는 일이 새롭게 발돋움할 수 있는 디딤돌이 될 수도 있지만, 또 한 번의 부적응으로 자괴감(自愧感)을 맛보면 안 되기 때문이야. 잘못된 원인을 다른 사람이나 환경에서 찾기보다 자기 자신에게서 찾는 것이 현명하기 때문이지. 우리 학교에서 못하는 공부 다른 학교 가면 잘할 수 있다는 생각은 착각일 확률이 높아.

160

사랑하는 사람이 멀리 간다면
어떻게 해야 하나요?

'회자정리 거자필반'이라는 말 들어보았니? '만날 회(會)' '사람 자(者)' '정할 정(定)' '이별할 리(離)'로 만난 사람은 이별이 정해져 있다는 뜻이야. 인간에게 이별은 만날 때 이미 정해져 있는 일이니 헤어지는 것을 크게 슬퍼하지 말자는 이야기란다. '갈 거(去)' '사람 자(者)' '반드시 필(必)' '돌아올 반(返)'의 거자필반은 떠난 사람은 반드시 돌아오게 되어 있다는 뜻이지.

이별은 진즉부터 정해져 있었다고 생각하면 안 될까? 그동안 행복했노라 이야기하고 고마웠다고 말하면서 행운을 빌어주면 안 될까? 앞으로 숱하게 이별을 경험하게 될 거야. 언젠가는 부모님과도 이별하게 되겠지. 받아들이지 않을 수 없어. 이별의 슬픔을 줄이는 방법을 알려줄까? 이별하기 전까지 아름다운 행복을 만들어서 나누어 가지는 거야.

161

실패할 확률이 높지만 하지 않으면 후회할 것 같은 일이라면 해야 하나요? 하지 말아야 하나요?

1퍼센트의 가능성만 있을지라도 당연히 해야 해. 하지 않으면 후회할 일이라면 더욱더 하는 것이 옳지. 성공 확률이 높은 것은 쉬운 일이고 쉬운 일만 하면 발전이 불가능해. 선생님은 도전을 권하고 싶어. 어려운 일을 해냈을 때 한 단계 발전이 가능하기 때문이고 성취감과 자신감도 맛볼 수 있기 때문이야. 도전하였음에도 실패하면 미련은 남지 않지만 해보지도 않고 포기하면 두고두고 미련이 남기 때문이기도 해.

실패가 이익이 되는 경우도 많아. 실패의 경험이 나중에 성공의 발판이 되는 경우가 많기 때문이지. 실패를 두려워하지 말고 도전할 용기가 없음을 두려워하면 좋겠어.

162

인생이
재미가 없어요

영화가 시작된 지 10분도 지나지 않았는데 재미없다고 중얼거리면서 영화관을 나와버리면 어떻게 될까? 축구경기를 보러 갔다가 자기가 응원하는 팀이 전반 15분에 한 골 먹었다고 화내면서 경기장을 나와버리면 될까? 안 될까? 남이 떠먹여주는 음식이 맛있을까 자신의 손을 움직여 먹는 음식이 맛있을까? 내가 골을 넣는 것이 행복할까 다른 사람이 골 넣는 것을 보는 것이 행복할까?

자신이 주인공이 되어야 열심히 할 수 있고 재미도 느낄 수 있는 거야. 구경꾼이 되어서는 재미없고 보람도 느낄 수 없어서 그만두고 싶어지는 거지. 모든 일은 내가 어떻게 하느냐에 달렸고 모든 일은 마음먹기에 달렸어. 재미도 내가 만들려고 노력했을 때 만들어지는 것이고.

공부에서 재미를 찾아보라고 권하고 싶어. 열심히 공부하면 알아가는 재미를 맛볼 수 있기 때문이야. 수학을 좋아하는 친구들은 왜 수학을 좋아할까? 문제를 하나씩 풀어냈을 때의 쾌감 때문이야. 공격수는 골을 넣는 기쁨 때문에 축구경기를 하는 것이고 수비수는 골을 막는 기쁨 때문에 축구를 하는 거야. 가수는 박수받는 기쁨 때문에 더 열심히 노래하는 것이고 공부하는 학생은 알아가는 기쁨, 점수가 올라가는 기쁨, 부모님께 칭찬받는 기쁨, 친구의 부러움을 받는 기쁨 때문에 더 열심히 공부하게 되는 거야.

자신이 주인공이어야 해. 숨을 헉헉거리고 심지어 다칠 염려가 있을지라도 주전 선수로 뽑혀서 직접 뛰어야 재미와 행복을 만들 수 있는 것처럼 공부도 머리 쥐어짜면서 자신의 힘으로 힘들게 알아내야만 재미와 행복을 만들 수 있는 거야. 어떤 일에서든 자기가 주체가 되면 재미있는 법이니까.

163

인생이 힘들 때
어떻게 해야 할까요?

너희들이 많이 알고 있는 연예인들 뒷조사해본 적 있니? 인터넷에 많이 나와 있으니 알아보면 좋을 것 같구나. 선생님이 알기로는 90퍼센트 이상의 연예인들은 스타가 되기 전 엄청 힘들었어. 현재 스타가 된 연예인들의 90퍼센트는 무명 시절의 어려움을 겪었고 포기할까 하고 고민을 많이 했었다고 해. 오디션에 서너 번 떨어진 것은 운이 좋은 경우라고 하지. 힘든 시절을 겪지 않은 사람은 스타가 될 자격이 없다고도 할 수 있어. 고통과 절망은 성공자가 되기 위한 필수 과정인 거야.

정치인도 마찬가지야. 정치인으로 성공한 사람 대부분은 가정 형편이 좋지 못했어. 가정 형편이 좋지 못했던 정치인이 가정 형편이 좋았던 정치인보다 서너 배는 많을 거야. 고통과 시련은 성공으로 가기 위한 보약인 거야. '골이 깊을수록 물이 많다'라는 말을 진리로 받아들이면 좋을 것 같구나.

체격을 키워서 마른 체형에서 벗어나고 싶습니다.
많이 먹고 많이 운동하였지만
체격이 커지지 않아서 고민입니다.

남자로 태어난 것도 운명이고 여자로 태어난 것도 운명이지. 한국인으로 태어난 것도 운명이고 가난한 집에서 태어난 것도 운명이야. 작은 체격으로 태어난 것 역시 운명이란다. 체격을 키우고 싶은 마음 이해 못하는 것 아니지만, 그것은 내가 선택한 영역이 아니고 노력한다고 해서 해결할 수 있는 영역도 아니야. 체력을 강하게 만들고 재능이나 기술이나 지식을 키우는 일은 시간 투자와 땀 흘림으로 가능하지만, 체격 키우는 일은 노력으로 가능한 일이 아니거든.

체격이 중요한 것 아니야. 키 크다고 유리한 점 없고 키 작다고 불리한 점도 없어. 중요한 건 인성이고 능력이지 결코 체격이 아니야. 체격 작다고 괴로워할 필요 없다는 이야기고 체격 키우려 땀 흘릴 이유가 없다는 이야기지. 고민할 것 가지고 고민해야지 체격이 작다고 고민하다니. 못난 놈.

돈 많이 벌고 싶습니다.
뭐든지 죽을 만큼 열심히 하면 돈 많이 벌 수 있나요?

　　그래. 뭐든지 열심히 하면 돈 많이 벌 수 있어. 공부 잘해도 가능하고 공부 못해도 가능하지. 그런데 아무리 열심히 해도 돈을 벌 수 없는 사람이 있는데, 생각하지 않는 사람이 그들이야. 생각하는 축구라야 승리로 이끌 수 있는 것처럼 생각하는 공부라야 합격의 영광을 맛볼 수 있어. 그리고 생각하는 삶이라야 돈도 많이 벌 수 있지. 생각 없이 땀 흘리는 것은 좋은 결과를 가져오지 못하지만 생각하는 땀 흘림은 기대 이상의 멋진 결과를 만들 수 있거든.

　　장사도 마찬가지야. 어떤 품목의 장사를 할 것인가? 어느 곳에 가게를 차릴 것인가? 홍보는 어떻게 할 것인가? 어떻게 경영할 것인가? 다른 가게와 어떻게 차별화할 것인가 등을 끊임없이 생각해야 해. 생각하면서 땀 흘리고 생각하면서 행동하면 성공할 수 있어. 물론 정직, 신뢰, 친절, 청결이 곁들여지지 않으면 앞의 조건을 갖춰도 성공하기 힘들지. 그런데 돈 많이 버는 것에만 삶의 목표를 두는 것은 바람직하지 않다는 사실, 알고 있지?

166

남에게 사과받는
방법 알려주세요

사람은 누구나 칭찬받고 싶어 하고 인정받고 싶어 해. 그리고 고맙다는 말을 듣고 싶어 하고 미안하다는 말을 듣고 싶어 하지. 하지만 고맙다고, 잘못했다고, 미안하다고, 용서해달라고 말하는 것을 힘들어 하는 사람이 적지 않아. 사과받고 싶은 마음은 이해하지만 사과하기 힘들어 하는 사람에게 군이 사과를 받으려 하는 것도 현명한 일은 아닌 것 같아.

'저 친구가 사과하지는 않았지만, 속으로는 미안해할 거야. 나도 사과하고 싶었지만 쑥스러워서 사과 못 한 적 많았잖아'라고 생각하면 안 될까? 억지로 사과받으려다가 오히려 더 크게 상처받게 되는 경우가 적지 않기 때문이야.

사과받으려는 마음이 오히려 괴로움을 만드는 일이 될 수도 있다는 사실을 알면 좋겠어. 그냥 용서하는 거야. 상대방을 위해서가 아니라 자신을 위해서. 선생님은 이런 노랫말을 좋아하고 또 홍얼

거리곤 한단다. "너를 용서 않으니 내가 괴로워 안 되겠다. 나의 용

서는 너를 잊는 것."

167

행복하게 살려면
어떻게 해야 하나요?

음식을 맛있게 먹으려면 배고파야 하고 이전에 맛없는 음식을 먹었어야 해. 배부른 상태에서는 아무리 맛있는 음식도 맛없는 법이고, 맛있는 음식을 먹은 후에 먹는 음식은 어떤 경우에도 맛없는 법이니까.

행복하려면 고통을 먼저 맛보아야 해. 고통 없이 다가온 행복은 행복으로 느끼지 못하는 게 일반적이거든. 5등급 받고도 행복한 사람 있고 2등급 받고도 불행한 사람이 있어. 8, 9등급 받다가 5등급 받으면 행복한 것이고 1등급만 받다가 2등급 받으면 짜증 나는 법이지. 고생해본 사람이 행복을 느낄 확률이 높은 거야.

뿌린 만큼 거두게 되는 게 세상 이치인 것 알지? 가을에 수확의 기쁨을 맛보고 싶다면 봄에 씨앗을 많이 뿌려야 하고 여름에 땀 흘리면서 잘 가꾸어야 해. 땀 흘림이 행복을 가져다준다는 평범한 진리를 가슴으로 깨닫게 되면 좋겠어.

168

세상을 어떤 마음가짐으로
살아가면 좋을까요?

감사하는 마음, 베풀겠다는 마음, 용서하는 마음, 그리고 기다리는 마음으로 살아가면 좋지 않을까? 감사하는 마음을 갖는 게 무엇보다 중요해. 학교 다닐 수 있음에 대한 감사, 가족이 있음에 대한 감사, 의식주를 걱정하지 않아도 되는 것에 대한 감사 등등. 감사는 상대방에게 기쁨을 주기도 하지만 자기 자신에게도 행복을 주는 일이야. 행복을 만드는 주재료는 감사임을 잊지 않으면 좋겠어.

베풀겠다는 마음도 중요해. 가까운 사람에게 베푸는 것도 좋지만 모르는 사람에게 베푸는 것이 더 아름다울 수 있어. 베풀려면 가진 게 있어야 하겠지? 그리고 가진 게 있으려면 땀 흘려야 하고.

용서하는 마음으로 살아가는 것이 좋아. 용서받는 사람만 행복한 게 아니라 용서하는 사람도 행복하기 때문이지. 용서받지 않고 살아가는 사람은 없어. 너도 알게 모르게 용서 많이 받고 살아왔어. 그동안 용서 많이 받았으니까 용서해야 하지 않을까? 또 네가 용서해야 네가 용서받을 자격이 생기기 때문이기도 해. 가장 좋은 선물은 용서라고 하였어.

기다려주는 일도 중요하고 필요해. 자기를 기다려주어야 하고 남도 기다려주어야 해. 일이 뜻대로 되지 않을 때 대기만성(大器晩成)을 중얼거리며 기다려야 하고 남이 일을 빨리빨리 처리하지 못하여 답답할 때 '마음 편하게 기다리는 사람은 기다림에 지치지 않는다'라는 프랑스 속담을 떠올릴 수 있어야 해. 인생은 기다림의 연속이라고 생각할 수 있으면 좋아. 인간은 누구나 행복을 추구해. 그리고 그 행복은 자신이 어떻게 하느냐에 달려 있어. 행복도 자기가 만드는 것이고 불행도 자기가 만드는 것이란다.